自信のつく 保育指導案の書き方

ベテラン保育者がフレッシュ保育者に
やさしく伝授

編者：
片山紀子
Katayama Noriko

著者：
西村美佳
Nishimura Mika

野村優子
Nomura Yuko

朱鷺書房
とき

はじめに

　保育職をめざす学生や保育職について間もない新人のみなさんにとって，日々の遊び（保育内容）を考えるのは，楽しみであるとともに，苦労することの一つかもしれません。

　もし，遊び（保育内容）が思い浮かばなければ，保育指導案を書くのは，なおさら難しく感じることでしょう。保育指導案というだけで，すでに苦手意識をもっているかもしれませんし，何から書いてよいか戸惑っているかもしれません。

　そのような学生のみなさんや新人の保育者を対象に，保育指導案がすらすら楽しく書けるようにと願って，本書を作成しました。フレッシュ保育者（実習生や新人保育者）が，ベテラン保育者に尋ねながら，わかりやすく指導案の書き方を学ぶ展開になっています。

　本書の特色は，①日々の遊び（保育内容）には，ねらいがあることを意識している点，②ねらいが変わると遊び（保育内容）の展開が変わることに着目し，遊びをいろいろとアレンジする方法をたくさん掲載している点です。

　保育の仕事というのは，目の前にいる子どもと一緒になって遊び，子どもの成長を援助することです。保育指導案が書けたからといって，必ずしも上手に保育できるわけではありませんが，書くことによって，保育者自身が保育のねらいを明確にすることができます。本書では，その書き方を丁寧に示し，年齢ごとにたくさんの保育指導案を掲載しました。

　本書がみなさんにとって，りっぱな保育者となるきっかけになれば嬉しいです。

執筆者一同

目次

●第1章　保育指導案を考えるステップ ……… 9
1. 指導案を書くときのベテラン保育者とフレッシュ保育者の違い ……… 11
2. フレッシュ保育者が「ねらい」のしっかりした保育指導案を書くためのステップ ……… 12
3. フレッシュ保育者が「ねらい」を立てることに慣れてきたら ……… 13
4. 一つの保育指導案から様々な年齢の子どもや季節に応じてアレンジ ……… 14

●第2章　保育指導案の遊び（保育内容）の題材を考えるためのヒント ……… 15
1. 子どもを取り巻く「生活」から遊び（保育内容）の題材を考える ……… 17
   - (1) 季節の行事・食べ物・動植物 ……… 17
   - (2) 今の子どもに流行しているもの ……… 20
2. 子どもの「育ち」の状態から遊び（保育内容）の題材を考える ……… 22
   - (1) 年齢に応じたおおよその育ちの状態 ……… 22
   - (2) 年間を通じたクラスの育ちの状態 ……… 26

●第3章　保育所保育指針と幼稚園教育要領に示されている「ねらい」と「内容」 ……… 27
1. ねらいと5領域について ……… 29
   - (1) ねらいとは ……… 29
   - (2) 内容とは ……… 30
   - (3) 5領域とは ……… 31
2. 保育所保育指針の「ねらい」と「内容」 ……… 32
3. 幼稚園教育要領の「ねらい」と「内容」 ……… 35

●第4章　遊び（保育内容）の「ねらい」を自分で立てる ……… 39
1. 遊び（保育内容）の題材から「ねらい」を立てる方法
   ──ややフレッシュ保育者向きの方法── ……… 41

2．保育所保育指針や幼稚園教育要領の「ねらい」から遊び（保育内容）
　　の題材を考え出す方法　──ややベテラン保育者に近い方法── 45

●第5章　クラスに合った保育指導案をつくるために アレンジしよう 49

　1．年齢に応じてアレンジ 52
　2．年齢に応じて衛生・安全への配慮もアレンジ 53
　3．季節に応じてアレンジ 54
　4．生活に応じてアレンジ 55
　5．「ねらい」に応じてアレンジ 56

●第6章　「ねらい」が生きる保育指導案の骨組み（素案）を作ろう 57

　1．素案を作る 59
　2．導入を考える 60
　　(1)「ねらい」に合った内容を選ぶ 60
　　(2)「主となる活動」をイメージできるように 60
　　(3) 短時間で子どもを引きつける演出を考える 60
　3．まとめを考える 62
　　(1)「ねらい」を忘れずに 62
　　(2)「主となる活動」での楽しさを共有する 62
　　(3) 子どもの頑張りを認め，受け止める 62
　　(4) 一つの活動の「終わり」を知らせ，次の活動へつなげる 63
　4．全体の時間配分を考えておこう 63

●第7章　保育指導案を作成しよう 65

　1．保育指導案とは何か 67
　2．保育指導案の各部分にはこれを書こう 67
　3．それぞれの内容をおさえていこう 68
　　(1) 主となる活動 68
　　(2) 現在の子どもの姿 69
　　(3) ねらい 69

(4) 内容 ･･･ 70
　　　(5) 環境構成 ･･･ 70
　　　(6) 予想される子どもの姿・活動 ･････････････････････････････････ 72
　　　(7) 保育者の援助・配慮（指導上の留意点） ･･････････････････････ 73
　　　(8) 時間 ･･･ 75
　　4．記述の仕方に気をつけよう ･･ 76

●第8章　運動遊びの保育指導案実例 ･･････････････････････････････ 79

　　1．椅子取りゲーム ･･ 80
　　　①この遊びの楽しさ ･･･ 80
　　　②年齢に応じたポイント ･･ 80
　　　・保育指導案(1) 2歳児：おうちに入ろう遊び ･････････････････････ 82
　　　・保育指導案(2) 3歳児：果物のお引越し遊び ･････････････････････ 83
　　　・保育指導案(3) 4歳児：カレーライスバスケット ････････････････ 84
　　　・保育指導案(4) 5歳児：フルーツバスケット ･････････････････････ 86
　　2．鬼ごっこ ･･･ 88
　　　①この遊びの楽しさ ･･･ 88
　　　②年齢に応じたポイント ･･ 88
　　　・保育指導案(5) 2歳児：まてまてクマさん鬼ごっこ ･･･････････････ 89
　　　・保育指導案(6) 3歳児：しっぽとり鬼ごっこ ･････････････････････ 90
　　　・保育指導案(7) 4歳児：形鬼ごっこ ･･･････････････････････････････ 91
　　　・保育指導案(8) 5歳児：しっぽ島鬼ごっこ ･･･････････････････････ 92
　　3．かけっこ・競走 ･･ 94
　　　①この遊びの楽しさ ･･･ 94
　　　②年齢に応じたポイント ･･ 94
　　　・保育指導案(9) 2歳児：よーいドン遊び ･･････････････････････････ 95
　　　・保育指導案(10) 3歳児：ぱくぱく競走 ････････････････････････････ 96
　　　・保育指導案(11) 4歳児：たまごリレー ････････････････････････････ 97
　　　・保育指導案(12) 5歳児：仲よくたまご配達リレー ････････････････ 98

●第9章　造形遊びの保育指導案実例 ･･････････････････････････････ 99

　　1．新聞紙を使った遊び ･･･ 100
　　　①この遊びの楽しさ ･･･ 100

②年齢に応じたポイント ……………………………………………………… 100
・保育指導案⒀1～2歳児：宝探し遊び ……………………………………… 101
・保育指導案⒁3歳児：ちぎって遊ぶ ……………………………………… 102
・保育指導案⒂4歳児：折って遊ぶ ………………………………………… 103
・保育指導案⒃5歳児：服などを作って遊ぶ ……………………………… 104

2．もよう遊び ……………………………………………………………………… 105
①この遊びの楽しさ ……………………………………………………… 105
②年齢に応じたポイント ……………………………………………………… 105
・保育指導案⒄2歳児：ドロップス ………………………………………… 106
・保育指導案⒅3歳児：しゃぼん玉の水ぼかし …………………………… 107
・保育指導案⒆3歳児：傘に模様を描く …………………………………… 108
・保育指導案⒇4～5歳児：魔法のつぼ ………………………………… 109

3．お絵描き遊び …………………………………………………………………… 110
①この遊びの楽しさ ……………………………………………………… 110
②年齢に応じたポイント ……………………………………………………… 110
・保育指導案㉑1～2歳児：せんたくぐるぐる ……………………………… 111
・保育指導案㉒3歳児：しかけ扉 ………………………………………… 112
・保育指導案㉓4歳児：れいぞうこ ……………………………………… 113
・保育指導案㉔5歳児：ストーリーのあるお絵描き ……………………… 114

4．ごっこ遊び ……………………………………………………………………… 115
①この遊びの楽しさ ……………………………………………………… 115
②年齢に応じたポイント ……………………………………………………… 115
・保育指導案㉕2歳児：バスごっこ ………………………………………… 116
・保育指導案㉖3歳児：野菜ごっこ ………………………………………… 117
・保育指導案㉗4歳児：アクセサリーごっこ ……………………………… 118
・保育指導案㉘5歳児：朝顔で染め物ごっこ ……………………………… 119

●第10章　うた・リズム・じゃんけん遊びの保育指導案実例 …………… 121

1．うた・リズム遊び ……………………………………………………………… 122
①この遊びの楽しさ ……………………………………………………… 122
②年齢に応じたポイント ……………………………………………………… 122
・保育指導案㉙2歳児：秋のうた …………………………………………… 123
・保育指導案㉚3歳児：「おべんとうばこのうた」 ………………………… 124

- 保育指導案㉛ 4歳児：「アブラハムの子」のうた ……………………… 125
- 保育指導案㉜ 5歳児：リズム遊び ……………………………………… 126

2．じゃんけん遊び ………………………………………………………… 127
①この遊びの楽しさ ……………………………………………………… 127
②年齢に応じたポイント ………………………………………………… 127
- 保育指導案㉝ 2歳児：じゃんけん遊び ………………………………… 128
- 保育指導案㉞ 3歳児：かもつれっしゃじゃんけん遊び ……………… 129
- 保育指導案㉟ 4歳児：うずまきじゃんけん遊び ……………………… 130
- 保育指導案㊱ 5歳児：じゃんけんゲーム ……………………………… 131

●第11章　異年齢保育の保育指導案実例 …………………………… 133

1．異年齢保育のメリットと保育指導案作成のポイント ……………… 134
⑴異年齢保育のメリット ………………………………………………… 134
⑵異年齢保育の保育指導案作成のポイント …………………………… 135
①発達に差があっても楽しめるか ……………………………………… 135
②お互いにリードする喜びとフォローされる安心感があるか ……… 136
- 保育指導案㊲ 2〜5歳児の異年齢クラス：異年齢混合リレー ……… 138
- 保育指導案㊳ 3〜5歳児の異年齢クラス：新聞紙をつないで遊ぶ … 139
- 保育指導案㊴ 3〜5歳児の異年齢クラス：郵便ごっこ ……………… 140

2．集会の保育指導案の作成ポイントと実例 …………………………… 141
⑴集会の意義 ……………………………………………………………… 141
⑵集会の保育指導案作成のポイント …………………………………… 141
- 保育指導案㊵ 3〜5歳児の異年齢クラス　集会：風船おくりゲーム … 142
- 保育指導案㊶ 2〜5歳児の異年齢クラス　集会：○×クイズ ……… 143

＊ベテラン先生のワンポイントアドバイス ……………………… 34,45,54,55,64,81,137
＊フレッシュちゃんからベテラン先生へ質問タイム ……………………… 85,87,93
＊ベテラン先生の知恵袋 …………………………………………………………… 144

装　丁：初瀬野一
イラスト：田村尚子

第1章
保育指導案を考えるステップ

フレッシュちゃんとベテラン先生のおしゃべりタイム

フレッシュちゃん

ベテラン先生, 遊びを考える時の話なんですけど。

ベテラン先生

遊びを考える時?

はい。私は「この遊びなら(私が保育)できる!」みたいな感じで選んでるんです。

わかる。わかる。

でも担任の先生は「子どもたちのここを伸ばしたいからこの遊び」みたいな感じなんですよね。

フレッシュちゃんとはちょっと違うわね。

全然違います。ものすごく差を感じちゃいます…。

でもフレッシュちゃん, 大切なところに気づいたわね。

大切なところ?

ベテラン保育者の指導案の書き方とフレッシュちゃんの書き方はちょっと違うかもしれないわね。

フレッシュちゃんは第1章にあるように ステップ1 から ステップ5 で考えるとわかりやすいわよ。

　ベテラン保育者とフレッシュ保育者（実習生や新人保育者）では，一言では言い表せないほどその力量に違いが見えます。保育経験の量が異なるため，当然のことなのですが，その差は，保育指導案を作る際にも明らかにあらわれます。

　ベテラン保育者は，苦労することなく，スムーズに保育指導案を書き，子どもたちを生き生きと遊びの世界に連れていくことが出来ます。しかも，その指導案にはしっかりとした保育の「ねらい」が立てられているものです。「ねらい」の明確な指導案を書くことはフレッシュ保育者にはなかなか難しいものですよね。

　本書では，ベテラン保育者とフレッシュ保育者とでは，保育指導案を書く際，その道筋が違うのではないか，という点に着目しました。その道筋を示しながら，フレッシュ保育者であっても「ねらい」がしっかりとしている保育指導案を書けるように，その方法を考えていくことにしましょう。

1．指導案を書くときのベテラン保育者とフレッシュ保育者の違い

ベテラン保育者の場合

3歳児のこの時期にはこういうことを経験させたいわね（ねらい）

では，こういう活動をしましょう（内容）

　ベテラン保育者の場合，長年の経験から「何歳児のこの時期にはこういう目標をクリアできたらいいな」という感覚が備わっています。そしてそのためにどんな活動が必要か，これも長年の経験の中でストックされているたくさんの遊び（保育内容）の中から最適な遊びを考え，保育指導案を書きます。保育指導案の正当な書き方といえます。フレッシュ保育者のみなさんもこんな風になれるとよいですね。

　でも，ベテラン保育者も最初からこうだったわけではなく，フレッシュ保育者だった時は，やってみたいと思う遊びの方が先に浮かぶことが多かったんです。ただし，保育の中で行う遊びにはねらいが必要なのです。

　そんな時，ヒントになるのが保育所保育指針や幼稚園教育要領の「ねらい」です。

フレッシュ保育者の場合

「この本でこんな遊びを見つけたわ。この遊びならできるかも」（内容）

「指導案を書いてみよう。でもねらいはどうしよう…」（ねらい）

2．フレッシュ保育者が「ねらい」のしっかりした保育指導案を書くためのステップ

　遊び（保育内容）の題材は思い浮かぶけれど，「ねらい」を何にすればよいのだろうと悩むフレッシュ保育者は，まずはこれから行う遊びの題材に合った「ねらい」を，保育所保育指針や幼稚園教育要領の「ねらい」からヒントを得て，ステップ1 から ステップ5 の5段階で考えましょう。

「ステップ1からステップ5で考えたらいいんですね。」

遊び（保育内容）の題材から「ねらい」を立てる方法　＜フレッシュ保育者に近い＞

| ステップ1：遊び（保育内容）の題材を選ぶ。 |

| ステップ2：保育所保育指針か幼稚園教育要領の「ねらい」・「内容」の文章を読み，選んだ遊び（保育内容）の題材に最も適した「内容」をみつける。 |

| ステップ3：ステップ2で選んだ「内容」に対応している「ねらい」を確認する。 |

| ステップ4：ステップ3で確認した「ねらい」の文章と遊び（保育内容）の題材を組み合わせて，あなたがこれから行う遊びの「ねらい」をつくる。 |

| ステップ5：クラスの子どもの状況に応じて遊び（保育内容）をアレンジする。 |

※ステップ1から5については，2章から5章にくわしく記しています。

3．フレッシュ保育者が「ねらい」を立てることに慣れてきたら

からに沿って，スムーズに「ねらい」が立てられるようになれば，そのうち次のように指導案を書くことが出来るようになるでしょう。

「ねらい」から遊び（保育内容）を考える方法　＜ベテラン保育者に近い＞

```
このクラスはこんな様子でこんな子が多いわ（子どもの姿）
　　　　　　↓
今のこの子たちにはどんなことが必要かしら
　　　　　　↓
保育所保育指針や幼稚園教育要領をヒントにする
　　　　　　↓
保育所保育指針や幼稚園教育要領のこのねらいがきっと子ども
たちを成長させるわ（ねらい）
　　　　　　↓
このねらいを達成できそうな遊びの題材を考えてみよう（内容）
```

　何だかベテラン保育者の考え方に近づいてきましたね。フレッシュ保育者のみなさんも，経験を積むうちに，ベテラン保育者のような指導案の書き方ができるようになりますよ。

　保育所保育指針や幼稚園教育要領は，長年保育に携わってきた方々が考え抜いて作り上げたものです。ですから，「難しいな」と敬遠しないで積極的に活用すれば，保育のねらいを自分自身でもっと明確にすることができますし，保育指導案の「ねらい」の欄がもっとすらすら書けるようになりますよ。

4．一つの保育指導案から様々な年齢の子どもや季節に応じてアレンジ

　ところで，ベテラン保育者でも，「ねらい」→「内容」の順で考えるばかりではありません。反対の時もあります。

遊び（保育内容）を子どもの年齢や季節に応じてアレンジする方法

今度この遊びをしようかしら（内容）

⬇

このクラスは今こんな状態だわ。秋の季節に合わせて，落ち葉はたくさん使えそうね

⬇

遊びの題材をこういう風にアレンジすれば，こんなねらいが達成できるわね（ねらい）

　こんな風に，一つの遊び（保育内容）の題材を，「○歳児に合わせて」あるいは「この季節に合わせて」という風にアレンジして実践できるとよいですね。例えば，鬼のお面を作るという同じ遊び（保育内容）でも年齢によっていろいろなアレンジができます。2歳児クラスでは保育者が鬼の顔のベースを作り，子どもたちはクレパスで目や口やツノのしまを描いてかわいらしい鬼を作ります。5歳児クラスでは髪の毛に毛糸をあしらったり，ツノや顔を画用紙で立体的に作ったりして強そうな鬼を作ります。その年齢に合ったアプローチで遊び（保育内容）を楽しむことが大切です。

　また，例えば，同じランチョンマットを作る遊び（保育内容）でも，季節に合わせて桜の花びらや朝顔の花，どんぐり，雪だるまなどをあしらうことによって，いろいろなアレンジが楽しめそうですね。

　一つの遊び（保育内容）の進め方をたった一つにしてしまわずに，年齢に応じて，季節に合わせて様々なアレンジができるように工夫してみましょう。

　次の章では，遊び（保育内容）の題材を考えるヒントについて，見てみましょう。

第2章
保育指導案の遊び(保育内容)の題材を考えるためのヒント

フレッシュちゃんとベテラン先生のおしゃべりタイム

フレッシュちゃん

保育指導案を書くためのステップ，少しイメージできました！

ベテラン先生

よかったわ。ところでフレッシュちゃん，今日は何だか元気いっぱいね。

うふふ。今日のこいのぼりカレーの給食，すごくおいしかったんです。

もうすぐこどもの日だから，行事食の日だったのね。

はい。保育園（幼稚園）って，**季節**や**行事**を大切にしていますよね。

そうね。子どもたちが**季節**の移り変わりを感じられるように工夫されているわね。

保育室の壁面とかもすっごくかわいくて，ほんわかしちゃいます〜。

いつもフレッシュちゃんはどんな遊びをしようかって悩んでいるけど，**季節**に合った遊びや絵本を選ぶのもいいわよ。

なるほど！旬の食材みたいに，**季節**に合った遊びを考えるんですね！

第2章では，**季節**や**流行**，**発達**，**クラスの状態**から遊びを考える方法を紹介するわね。

遊びの題材はフレッシュちゃんの周りにころがっているのよ。

第2章では

　本章では，季節や流行といった子どもを取り巻く「生活」や，子どもの年齢やクラスの「育ち」の中にある遊びの題材のヒントを紹介していきます。

　本章のヒントを参考にして，保育指導案を作成する最初のステップとして，遊びの題材を選びましょう。

> ステップ1：遊び（保育内容）の題材を選ぶ。

1．子どもを取り巻く「生活」から遊び（保育内容）の題材を考える

(1) 季節の行事・食べ物・動植物

　さて，子どもを取り巻く「生活」とは具体的に何でしょうか。たとえば，季節に応じた行事，旬の食べ物，季節の花や草木・虫などが「生活」です。季節，行事，食べ物，花や虫など，子どもが毎日触れているもののすべてが「生活」になります。

　保育園や幼稚園では，このように子どもの「生活」に密接に関連した遊び（保育内容）をとても大切にしています。乳幼児期の子どもたちにとって，「生活」に関連した題材は，一番身近で，親しみを感じやすい題材です。また，「生活」に根差した遊び（保育内容）を通じて，子どもが「生活」の楽しさを実感することも大切です。

　子どもを取り巻く「生活」を意識するだけで，今の時期だったらどんな遊び（保育内容）がよいのか，思い浮かぶヒントになるんです。つまり，毎日見ているぐっと身近なものから題材を探していくことができるんです。

　表1は，季節の事物から遊びを考えるための表です。どんな遊びがよいのか迷ったら，参考にしてみてください。

表1：季節の事物から遊びを考えよう（4月～9月）

	4月	5月	6月	7月	8月	9月
年間行事	昭和の日（29日）	憲法記念日（3日） みどりの日（4日） こどもの日（5日） 母の日（第2日曜）	虫歯予防デー（4日） 時の記念日（10日） 父の日（第3日曜） 夏至（21日ごろ）	七夕（7日） 海の日（第3月曜）	立秋（7日ごろ） 山の日（11日） お盆	防災の日（1日） 敬老の日（第3月曜） 秋分の日（23日ごろ） 十五夜（10月になることも）
園での行事	入園・進級式 お花見	こいのぼり製作 母の日プレゼント製作 春の遠足 参観日か試食会	歯と口の健康週間 時計製作 父の日プレゼント製作	七夕飾り製作 夏祭り プール開き お泊まり保育	夏季保育	敬老の日製作 お月見
季節の植物	さくら チューリップ	たんぽぽ しょうぶ カーネーション	あじさい	ささ あさがお	ひまわり すいか	秋の七草 （すすき）
季節の生き物	ちょうちょう ひよこ	つばめ こい	かえる かたつむり	ザリガニ	せみ かぶとむし	とんぼ こおろぎ うさぎ たぬき
旬の食材	たけのこ 新じゃが 新たまねぎ グレープフルーツ	えんどう豆 グリーンアスパラガス 甘夏みかん	そら豆 絹さや セロリ パイナップル	オクラ とうもろこし ピーマン レタス ゴーヤ	トマト きゅうり なす すいか ぶどう	さんま 栗 梨
行事食	入園・進級お祝いメニュー	こどもの日メニュー かしわもち・こいあられ	虫歯予防メニュー	七夕メニュー	夏野菜カレー	重陽メニュー お月見団子
歌	チューリップ せんせいとおともだち きみたち今日からともだちだ	こいのぼり おかあさん バスごっこ	あめふりくまのこ 大きな古時計 かえるのうた	たなばたさま きらきらぼし とんでったバナナ	うみ アイスクリームのうた おばけなんてないさ	とんぼのめがね うんどうかいのうた こおろぎ むしのこえ
絵本	ちょうちょうひらひら（こぐま社） ぐるんぱのようちえん（福音館）	ちいさなこいのぼりのぼうけん（教育画劇） しゅくだい（岩崎書店）	10ぴきのかえる（PHP） ははのはなし（福音館）	こぐまちゃんのみずあそび（こぐま社） にじいろのさかな（講談社）	ひまわり（福音館） めっきらもっきらどおんどん（福音館）	うさぎのダンス（ひさかたチャイルド） 14ひきのおつきみ（童心社）
手遊び	トントントントンひげじいさん あくしゅでこんにちは まるいたまご	おべんとうばこのうた ちいさなにわ	あまだれぽったん グーチョキパー（かたつむり）	おふねはぎっちらこ みずあそび カレーライスのうた	やさいのうた わにのかぞく すいかの名産地	げんこつやまのたぬきさん おはぎのよめいり
壁面アイテム	さくら チューリップ 春の花 ちょうちょう つくし おともだち	こいのぼり めだか ことり	てるてるぼうず ながぐつ かさ とけい はぶらし	たなばた 花火 おまつり 夜店	うみ 入道雲 くじら アイスクリーム かき氷 うきわ	万国旗 すすき おつきさま 虫と楽器
遊びのアドバイス	新しい環境に慣れる時期なので簡単で楽しい遊びがよいでしょう。	春の遠足があるのでバスやおべんとうにちなんだ遊びもよいでしょう。	歯の衛生週間があるのでばい菌をやっつけるような遊びもよいでしょう。梅雨の時期，室内遊びを工夫しましょう。	プール開きの園が多いので，水遊び用のおもちゃを作ったりしながら楽しく水遊びができるとよいですね。	夏季保育中，プール以外でも色水遊びやおまつりごっこなど夏らしい遊びができるとよいですね。	敬老の日におじいちゃんおばあちゃんにお手紙や絵をかくのもおすすめです。

表1：季節の事物から遊びを考えよう（10月～3月）

	10月	11月	12月	1月	2月	3月
年間行事	体育の日（第2月曜） ハロウィン（31日）	文化の日（3日） 立冬（7日ごろ） 七五三（15日） 勤労感謝の日（23日）	冬至（22日ごろ） 天皇誕生日（23日） クリスマス（25日） おおみそか（31日）	元日（1日） 七草（7日） 鏡開き（11日） 成人の日（第2月曜）	節分（3日ごろ） 立春（4日ごろ） 建国記念の日（11日） バレンタインデー（14日）	ひなまつり（3日） 耳の日（3日） 春分の日（20日か21日ごろ）
園での行事	運動会（体育の日前後が多い） 秋の遠足 ハロウィン（英語保育で） おいもほり	作品展か絵画展（文化の日前後が多い） 七五三・千歳飴袋製作	おもちつき クリスマス会	お正月遊び	豆まき・鬼の面製作 生活発表会（年度末が多い）	ひなまつり製作 お別れ会 卒園式
季節の植物	コスモス かぼちゃ	いちょう かえで きのこ	もみの木 ポインセチア	門松 春の七草	ひいらぎ（節分） うめ　つばき さざんか ふくじゅそう	もも つくし
季節の生き物	こうもり（ハロウィン）	みのむし りす	トナカイ	干支の動物	ペンギン 冬眠くま	ちょうちょう
旬の食材	鮭 さつまいも チンゲン菜 りんご	里芋 きのこ ごぼう 柿	白菜 大根 カリフラワー ゆず	春の七草 ほうれん草 レモン みかん	小松菜 れんこん 春菊　白ねぎ いよかん	菜の花 春キャベツ にら いちご
行事食	ハロウィンメニュー ハロウィンクッキー	七五三お祝いメニュー 千歳飴	クリスマスメニュー クリスマスケーキ	お正月メニュー 七草がゆ お雑煮	節分メニュー 福豆 いわし	ひなまつりメニュー ひなあられ ひしもち
歌	どんぐりころころ ともだち賛歌	きのこ 山の音楽家 まっかな秋 まつぼっくり	赤鼻のトナカイ あわてんぼうのサンタクロース おもちゃのチャチャチャ	おしょうがつ カレンダーマーチ ゆきのペンキやさん	まめまき 北風小僧の寒太郎 コンコンクシャンのうた	うれしいひなまつり みんなともだち おもいでのアルバム
絵本	くだものさん（学研） ハロウィンってなあに？（主婦の友社）	どうぞのいす（ひさかたチャイルド） おおきなおおきなおいも（福音館）	サンタクロースと小人たち（偕成社） ぐりとぐらのおきゃくさま（福音館）	じゅうにしのおはなし（ひさかたチャイルド） だるまちゃんとうさぎちゃん（福音館）	なきむしおにのオニタン（ひさかたチャイルド） ポカポカホテル（ひかりのくに）	おひなさまのいえ（世界文化社） あしたのぼくは…（ポプラ社）
手遊び	大きな栗の木の下で おてらのおしょうさん	やきいもグーチーパー	いとまき	おしくらまんじゅう せんべせんべ	鬼のパンツ ごんべさんのあかちゃん	キャベツのなかから はるですねはるですよ
壁面アイテム	魔女 ほうき かぼちゃ おいもほり	きのこ どんぐり まつぼっくり みのむし	サンタクロース トナカイ ツリー　ブーツ リース　星 天使 プレゼント	雪だるま 雪の結晶 おもち　門松 羽子板　こま たこ　かるた	鬼 手ぶくろ マフラー 雪うさぎ もこもこひつじ	もものはな おひなさま 虹や気球・風船 など巣立ちっぽいもの おともだち
遊びのアドバイス	過ごしやすい季節になってくるので戸外でたくさん遊べるとよいですね。	落ち葉やドングリを拾って遊んだり，作品作りをしても楽しいでしょう。	クリスマスの飾りを作ったり，室内でできる楽しいゲーム・うた・ダンスなどで楽しめるとよいですね。	手作りのたこあげやカルタ遊びなど，お正月の伝統遊びがたくさんできるとよいですね。	戸外で遊ぶ時はなわとびなど体が温まる遊びを工夫するとよいでしょう。	みんなで遊べる楽しいゲームや思い出となる記念の作品作りなどもよいでしょう。

(2) 今の子どもに流行しているもの

　子どもの世界の「流行」も生活の一部であり，遊び（保育内容）の題材のヒントとなります。みなさんにもファッションや音楽などの「はやり」，すなわち「トレンド」があると思います。それと同じように，子どもの世界にも「流行」があります。「流行」に惑わされすぎてはいけませんが，子どもの遊びの世界に，すっと自然な形で入れてもらうためには，子どもの世界の「流行」に敏感になっておくとよいですよ。

　子どもの「流行」に注意を払うようにすると，遊び（保育内容）のヒントがその中にたくさん転がっていますので，遊びの題材を楽しくみつけることができます。表2の子どもたちに流行しているものを参考にしながら遊びを考えてみてもよいですね。

表2：子どもたちに流行しているものから遊びを考えよう

	子どもの姿	保育にとりいれてみよう
デジカメ	最近の子どもたちは写真が大好きです。写真慣れしているので，カメラを向けるとかわいいポーズをしてくれます。成長記録にもなりますね。	ちょっと難しいけど，袴からカメラを作る折り紙は子どもたちに大人気です。子どものかわいい写真を製作やプレゼントに使ってもかわいいですよ。
スマートフォン	ブロックなどでマイ電話を作って遊んでいます。操作はもちろんタッチパネルです。	画用紙でスマートフォンを作って遊ぶと楽しいですよ。（114ページ参照）
スーパーのレジ	昔のように電卓型のレジではなくバーコードを読み取って遊んでいます。	品物づくりをメインにお店屋さんごっこをしてもよいし，かごやバーコード読み取り機を作ってお買い物ごっこをしても楽しいです。
電車	電車・新幹線・トーマスなどびっくりするほど物知りな子がいたりします。	電車ごっこでお散歩したり，画用紙で電車のしかけを作ってお絵かきしたりするのもよいですね。
手紙・切手	字が書けなくてもお手紙ごっこが大好きです。大好きな友達や先生にドキドキしながら手渡します。	段ボールで郵便ポストを作り，郵便屋さんごっこがおすすめです。（140ページ参照）年賀状や敬老の日はがきなど本物のお手紙をポストに出す経験もできるとよいですね。
ゲーム	DSやスマホなどのゲームを小さな年齢の子もしている場面をよく見かけます。	スマホづくりをアレンジしてゲームお絵かきも楽しいです。（114ページ参照）
おべんとう	大好きなものがいっぱい入ったお弁当やキャラ弁も大人気です。	画用紙やティッシュを使ってお弁当作りをすると大喜びです。おうちの人に「いつもおべんとうありがとう」のメッセージカードを作ってもよいですね。
ワンピース（海賊）	年中・年長の男の子を中心に海賊も大人気です。	宝物を作ったり，宝箱を作ったり，紙工作で船や海賊を作ってもよいですね。海賊から海の生き物や人魚まで想像力が広がります。

プリキュア	女の子を中心に人気です。決めゼリフと決めポーズで変身したりもしています。毎年変わるので要チェックです！	タクトやドレスなどの変身アイテムを作って遊ぶのもよいですね。 プリキュアの曲は毎年元気な曲が多いので運動会などのダンスや行進曲にもおすすめです。
○○ジャー	男の子を中心に人気があります。戦いごっこはほどほどに（笑）。○○ジャーも毎年変わります。	ベルトやブレスレットなどを作って変身ごっこも楽しいです。 ○○ジャーの曲も元気な曲が多いので運動会などのダンスや行進曲におすすめです。
アイドル	某アイドルグループをはじめ，アイカツというアニメもあり女の子を中心に人気があります。	アイドルのかわいらしいダンスや衣装の流行をチェックしておきたいですね。 ノリのいい曲はダンスや行進曲，BGMなどに要チェックです。
ハッピーセット	おまけを楽しみに休日などに食べているようです。	ハンバーガーやポテトを作ったり，ハンバーガー屋さんごっこもよいですね。
キッザニア	子どもたちはいろいろなお仕事に興味津々です。 おもちゃのお金やおさいふも大好きです。	いろいろなお仕事をする人になりきって遊ぶのもよいでしょう。 お金やおさいふを画用紙や折り紙で作って遊ぶのも楽しいです。
NHK教育番組	おかあさんといっしょ，いないいないばあ，みいつけた，にほんごであそぼなど，朝と夕方結構見ているみたいです。	うたや体操など保育者もチェックしてやってみると大喜びです。 うたのおねえさんのように話したり歌ったりできるよう練習しましょう。
ハンカチ遊び	今も昔もちょっとした待ち時間にハンカチでいろいろなものを作る姿が見られます。	リボンやバナナなどの作り方を教えてあげると大喜びです。 ハンカチを使った簡単なマジックなども喜ばれます。
おままごと遊び	男の子も女の子もおままごとが大好きです。マジックテープで切れる野菜も人気です。	紙でもよいので小さなエプロンを用意しておくとはりきってお料理してくれます。 「おいし～い」「あちちち」「ひとりでつくったの？」といったリアクションも忘れずに。
アンパンマン	みんなの人気者アンパンマンは，小さな年齢の子もよく知っています。	新入園児さんや園庭開放時など初めましての子どもたちにも喜ばれます。 アンパンマン体操などもあります。
外遊び	外遊び，おさんぽ，泥んこ遊び，水遊び大好き。季節に合わせた遊びをたくさん経験します。	友達や保育者と楽しく外遊びをしますが，近年は紫外線や光化学スモッグ，PM2.5などに対する配慮が必要です。アレルギーやぜんそくがある子にも配慮します。
100円均一	よくおうちの人に連れて行ってもらうようです。	保育室の整理やこまごまとした材料などお役立ちグッズも多いです。
恐竜や昆虫	カタカナの難しい恐竜や昆虫の名前をよく知っている子もいます。子どもから教えてもらうことも。	恐竜や昆虫の楽しい絵本や図鑑がありますので（大型絵本も）探してみましょう。 あまり知らない人も子どもたちのために研究しましょう！

2．子どもの「育ち」の状態から遊び（保育内容）の題材を考える

　子どもの生活や流行から仕入れた遊び（保育内容）の題材を，子ども向けに発展させていく際に，子どもの今の「育ち」の状態を頭に入れておく必要があります。

　子どもの「育ち」には大きく分けて二つがあります。一つは，発達段階とも言いますが，その年齢によってできることやできないことをとらえた，年齢に応じた「育ち」の状態です。もう一つは，年間を通したその時期のクラス全体としての「育ち」の状態です。

(1) 年齢に応じたおおよその育ちの状態

　せっかく，子どもたちにとって身近に感じられる題材であっても，「育ち」の状態が考慮されておらず，遊び方が難しかったり，ややこしいルールや手順が遊びの中に入っていると，子どもたちはやる気がなくなってしまいます。反対に，簡単すぎるとすぐに飽きてしまいます。それは，私たち大人も同じですね。

　子どもの育ちは，大きく「生活」，「運動」，「心」の3つの面から考えることが出来ます。「生活」は衣食住など生活習慣の自立，「運動」は全身や手指の運動機能の育ち，「心」は言葉や知的な理解力，社会性の育ちの状況です。

　育ちの状況は，一つのめやすであり，この年齢の子どもであれば全員必ずできるというものではありません。個人差が大きいものです。それでも，年齢による大まかな育ちの状態を知っておくことは，遊びの題材を考える上ではとても大切なことです。

　そこで，年齢によって「育ち」の状態がどのように違うのか，また年齢に応じた遊びのポイントは何なのか，表3を参考にしながら大まかにつかんでおきましょう。

表3：年齢に応じた「育ち」の状態

クラスの年齢[※1]	子どもの「育ち」の状態	遊びのポイント
0歳児[※2]	【生活】 ・生活リズムが守られ，周囲の大人により適切に生理的欲求と情緒的な欲求が満たされる。 【運動】 ・周囲の環境に自発的に手を伸ばして触ったり，口に入れて確かめる。 ・首がすわる，寝がえり，腹ばい，座る，這う，立つなど全身の運動機能が発達する。 【心】 ・自分の欲求に応答してくれる特定の保育者との情緒的な絆が形成される。 ・泣く，笑う，喃語を発するなどで自分の欲求を表現し，それに応答する大人との間に情緒的な絆が形成される。	●集団で一斉に何かを遊ぶということは難しいので個々の興味やペースで楽しめる内容を考える。 ・色がきれいなおもちゃ，手触りがよいおもちゃ，音が鳴るおもちゃなど，五感を使って楽しめる手作りおもちゃ遊び ・くすぐり遊びなど，スキンシップを取り入れた遊び ・くぐったり，はいはいしたくなるような遊び
1歳児[※3]	【生活】 ・離乳食から幼児食へ進む。 【運動】 ・立って歩くようになり，全身を移動させる運動機能が発達する。 ・つまむ，めくるなど手や指先の機能や押す・引っ張るなど物を操作する運動機能が発達し，探索活動が活発になる。 【心】 ・大人から自分に向けられた簡単な言葉がわかる。 ・大人との応答的な関わりの中で，指差し，身振り，片言などを使って，自分の気持ちや欲求を伝えようとする。 ・もののやり取りや，取り合う姿も見られる。	●集団で一斉に同じ遊びをするという集団遊びは難しいので，個々の興味やペースで楽しめる内容を考える。 ・立ったり歩いたりできるような遊具や音楽を使った運動遊び ・新聞紙などを使って，紙をくしゃくしゃにしたり，びりびりと破る遊び ・シールをぺたぺた貼る遊び ・指差し，身振り，片言など，この時期の子どもでも身近に感じやすいものを題材にしたお話やペープサート
2歳児[※4]	【生活】 ・食事や着替えなど身の回りのことを自分でやろうとする。 ・排泄の自立準備が整う。 【運動】 ・走る，両足ジャンプ，またぐ，くぐる，よじ登る，押すなど全身を使う動きを好む。 ・手指もより細かく使えるようになる。 【心】 ・自分の意思や欲求（自分がしたいこと・してほしいこと）を言葉で表出できるようになる。 ・自我が育ち，強く自己主張する姿が見られる。（何でも「ジブンデ」） ・模倣（まねっこ）が上手になる。（うた，周囲の人のまね）	●集団で一つの遊びを楽しむことができつつあるが，まだ個々の子どもの興味やペースに十分配慮した内容を考える。 ・走るなど，全身の運動機能が発達する時期なので，保育者が鬼になって子どもを追いかけたり，子どもたちが保育者を追いかけることを楽しむまてまて鬼ごっこ ・まねっこが上手になるので，保育者の身振りを真似するような遊び ・両足ジャンプなどを取り入れた簡単なリズム遊び ・新聞紙などで作った棒やテープをまたいだり，くぐったりするような遊び ・「〇〇ください」「はい，どうぞ」など簡単なやり取りをするお店屋さんごっこなど，ごっこ遊び（基本的に品物は保育者が準備

	・遊具やおもちゃを見立てて「〜のつもり」，「〜のふり」を楽しむ。 ・簡単なごっこ遊びができる。	する）
3歳児※5	【生活】 ・食事，排泄，衣服の着脱，手洗いなど生活習慣の自立が進み，身の回りのことがほぼ自分でできるようになる。 ・できたら認めてもらうことで自信がつく。 【運動】 ・目標に向かって走る，スキップやギャロップなどもできるようになり，リズムや音楽に合わせてリズム運動もできる。 ・片足立ちなど，バランス感覚も発達する。 【心】 ・話し言葉の基礎ができ，盛んにおしゃべりする。 ・知的な興味や関心が高まり，自然など身近な環境に積極的に触れて好奇心を発揮する。 ・自我がよりはっきりしてくる。 ・周囲の友だちに興味を持ち始め，子ども同士の関係に広がっていく。 ・「お昼寝の後はおやつだよ」など予想や意図，期待を持って行動できるようになる。 ・イメージが豊かになり，身の回りの生活や大人の姿をまねたごっこ遊び，ヒーローごっこなどをするようになる。	●集団遊びが少しずつできるようになってくる時期である。 ・リズムに合わせて体を動かすことが上手になるので，音楽に合わせて，色々なものになりきったり，スキップなど多様な運動を取り入れるリズム表現遊び ・保育者が鬼になってしっぽとりや色鬼など簡単な鬼ごっこ（鬼に捕まったら次は保育者と一緒の鬼に自分もなるというルールも理解できる） ・的当て，玉入れ，ペットボトルボーリングなど的をめがけて投げたり蹴ったり転がす遊び ・クレヨンで描く，はさみで切ったりのりやテープで貼って作品を作る遊び ・絵を見せたりして何かあてっこするクイズ遊び ・お店屋さんごっこなど身近な生活を模倣したごっこ遊び（品物の一部を子どもも作る）
4歳児※6	【生活】 ・身の回りのことはほとんど自分でできるようになる。 ・一日の流れに見通しを持つことができる。 【運動】 ・全身のバランスを取る能力が発達し，いくつかの動きを同時にできるようになる。 ・ボールを蹴る，投げるなど「○○しながら△△する」など二つの動きを同時にできるようになる。 ・形鬼など，簡単なルールのある鬼ごっこも盛んに楽しんでやるようになる。 ・少し難しい動きでもがんばって挑戦しようとする。 【心】 ・自分が感じたことや考えたことを言葉や体で表現できるようになる。 ・自然など様々な事がらに興味を持ち，疑問に思ったことには「なぜ？」「どうして？」と盛んに質問する。	●集団遊びの楽しさがわかるようになる時期である。 ・おおよそどんな運動でもできるようになるので，色々な動きや遊びを盛り込んだかけっこ ・安全地帯のある鬼ごっこ，つかまったら鬼を交代するというルールのある鬼ごっこ ・転がしドッジボール，ボールやフープを使った競走 ・じゃんけんを取り入れた遊び ・クレヨンなどで描く，絵の具を使って色をぬる，はさみで切ったりのりで貼ったりして作品を作る遊び ・3折りくらいでできる簡単な折り紙遊び

		・仲間とのつながりが強くなる。 ・自分中心から，身近な人の気持ちを察し，少しずつ自分の気持ちを抑えて相手に譲ったり，我慢ができるようになってくるが，まだ抑えられないこともある。 ・決まりの大切さに気付き，守ろうとするようになる。 ・自分なりのイメージを持って，身近な素材を使ってつくったり，描いたりする。 ・試したり，工夫したりすることを好む。 ・左右，上下，前後，遠近がわかるようになり，物をグループに分けたりできるようになる。	
5歳児※7		【生活】 ・基本的な生活習慣が自立する。 ・見通しを持って，自ら行動できるようになる。 【運動】 ・全身を自在に，なめらかに動かせるようになり，複雑な運動も上手にできるようになる。 ・跳ね回るように動き，心身ともに力があふれ，意欲が旺盛になる。 【心】 ・語彙が増え，言葉によって共通のイメージを持った遊びができるようになる。（しりとり遊び，さかさ言葉など） ・思考力，認識力が高まり，数量，図形，記号などへの理解が進む。 ・お互いに相手を許したり，異なる思いや考えを認めたりといった社会生活に必要な基本的な力を身につけていく。 ・目的に向かって集団で行動することが増える。 ・遊びを発展させ，楽しむために，自分たちで決まりを作ったり，けんかを自分たちで解決しようとする。 ・他人の役に立つことを嬉しく感じたりして，仲間の中の一人としての自覚が生まれる。 ・役割の分担があるような協同遊び，ごっこ遊びを満足するまで取り組もうとする。 ・様々な知識や経験を生かし，創意工夫を重ね，遊びを発展させる。	●集団遊びに意欲的に喜んで取り組む時期である。 ・氷鬼，けいどろなど，役割分担や複雑なルールのある鬼ごっこ（鬼は子どもが交代でできる） ・チームで力を合わせるリレーやゲーム ・じゃんけんの勝敗によって瞬時に行動しなければならないような遊び（たとえば，どんじゃんけんなど） ・自分のイメージを膨らませて，好きな色を選んだり形を考えて作品を作る遊び ・友だちと共通のイメージを出し合って，遊びに必要な物を自分たちで考えて創作するような遊び（たとえばお店屋さんごっこであれば，何を売るお店にするか品物のアイディアを出し合って作るなど） ・数や図形，記号などを用いた遊び（たとえば，「猛獣狩りに行こう」など数を瞬時に数えて，その数に従って友だちと集まるなど，数に親しめる遊びも楽しめる） 

※1：保育所保育指針で示されている年齢区分　※2：おおむね6ヶ月未満，おおむね6ヶ月〜1歳3ヶ月未満
※3：おおむね6ヶ月〜1歳3ヶ月未満，おおむね1歳3ヶ月〜2歳未満　※4：おおむね2歳　※5：おおむね3歳　※6：おおむね4歳　※7：おおむね5歳，おおむね6歳
※出典：『保育所保育指針』（平成20年3月厚生労働省），佐藤暁子・川原佐公編著『0〜5歳児指導計画の書き方がよくわかる本』（ひかりのくに株式会社）を参照に，筆者らが作成。
※『保育実習・教育実習の設定保育』（朱鷺書房）の第4章も参照してください。

(2) 年間を通じたクラスの育ちの状態

入園や進級後の緊張した4月と，少し友達や先生にも慣れてきた6月，1年近くを同じクラスで過ごし友達や先生にも馴染んだ2月や3月では，クラスの育ちの状態が違います。このような年間のクラスの状態を想像して保育指導案を書くことも大事です。

表4：年間を通じたクラスの育ちの状態

月	この時期に多いクラスの様子
4月	新入園児は慣らし保育を行っている園が多いです。園生活にスムーズに慣れていけるよう援助します。進級児は慣らし保育はないですが，新しいクラスに慣れ，生活のリズムをつかめるよう配慮します。
5月	園生活に慣れてきた子もゴールデンウィーク後，園生活のリズムに戻るのが難しい場合があります。その場合はあせらずもう一度慣れていけるよう援助します。こどもの日のこいのぼり製作や母の日のプレゼントを持ち帰ることによって，自信につながることが多く，クラスの雰囲気も落ち着いてきます。このころ，試食会や参観日を行い，保護者の方に園での様子を見ていただく園が多いです。
6月	梅雨の季節，感染症（手足口病や水痘など）がはやりやすいです。虫歯予防デーもあるので，歯みがきも含めて手洗い・うがいなどの意識を高めていきます。
7月	暑い日が増えてくる中，7月からプール開きの園が多いです。安全に楽しく水遊び・プール遊びを行います。日差し対策や水分補給にも気をつけます。
8月	夏休みで夏季保育を行う園が多いです。お盆付近は特に出席人数の増減がありますのでできるだけ人数を事前に把握しながら保育を行います。
9月	9月から運動会の練習が始まる園が多いです。まだまだ暑い日が続きますので，熱中症対策をしながら無理のないよう練習を進めていきます。
10月	運動会を経験して，子どもたちは心身ともにひとまわり大きく成長します。各学年で半年が過ぎ，それぞれの年齢でいろいろなことができるようになってきます。
11月	文化の日前後に作品展や絵画展を行う園が多いです。お互いに影響を受けながら，絵を描いたり，作品を作ったりする様子が見られます。
12月	12月はクリスマスやおもちつきなどの楽しい行事が多く，クラスのムードもなんとなく華やかです。年末に向けて子どもたちと一緒に保育室の大掃除をしたりもします。
1月	楽しい冬休みが終わり，また園生活のリズムに早く戻れるよう気をつけていきます。インフルエンザなどが流行する季節ですので，手洗い・うがい・保育室の換気などに配慮します。
2月	年度末にその学年の集大成となる生活発表会を行う園が多く，お遊戯や合奏などの練習を行います。そろそろ次年度を見据え，子どもたちがスムーズに進級していけるよう一人一人を援助します。
3月	いよいよ最後の一ヶ月です。クラスでの楽しい思い出がたくさんできるよう配慮し，進級に向けて期待が持てるよう心がけていきます。

以上が ステップ1 で，遊び（保育内容）の題材を，子どもを取り巻く「生活」と，子どもの「育ち」の状態から考えてきました。難しく考えなくても，遊びの題材は自分の周りにたくさん転がっていることに気づいていただけたでしょうか。

第3章
保育所保育指針と幼稚園教育要領に示されている「ねらい」と「内容」

フレッシュちゃんとベテラン先生のおしゃべりタイム

フレッシュちゃん

え〜っと。「健康」と「人間関係」と「言葉」と「表現」と……。あと一つ，何だっけ？

ベテラン先生

あら，フレッシュちゃん。お勉強？

はい。**5領域**の勉強をしています。

えらいわね。ちなみにあと一つは「環境」よ。

そうそう，「環境」だ！**5領域**って小学校の教科とはちょっと違うんですよね？

そうね。時間割のある小学校とは違って，幼稚園や保育所では遊びや活動の中でまんべんなくいろいろな領域の目標を達成できるように工夫しているわね。

国語や算数みたいにくっきりとわかれないんですね。

年齢が小さいほど総合的な活動が多くなると思うわ。

保育者は園生活や遊びの中で子どもたちのいろいろな力を伸ばしていくんですね。

第3章では，保育所保育指針と幼稚園教育要領の**5領域**について勉強してみましょうね。

5領域は，到達させなければならないものではなく，子どもに育ってほしい方向なのよ。

　第1章で述べたように,「ねらい」を立てるときのヒントは,保育園であれば保育所保育指針,幼稚園であれば幼稚園教育要領の中にあります。 ステップ1 で遊びの題材が決まったら, ステップ2 では保育所保育指針か幼稚園教育要領の「ねらい」・「内容」の文章を読み,選んだ遊び（保育内容）の題材に最も適した「内容」をみつけていきましょう。

> ステップ1：遊び（保育内容）の題材を選ぶ。

> ステップ2：保育所保育指針か幼稚園教育要領の「ねらい」・「内容」の文章を読み,選んだ遊び（保育内容）の題材に最も適した「内容」をみつける。

1. ねらいと5領域について

(1) ねらいとは

　保育所保育指針の第3章「保育の内容」において,特に教育の「ねらい」は子どもが「**安定した生活を送り,充実した活動ができるよう**」に,「**子どもが身に付けることが望まれる心情・意欲・態度などの事項**」であると定義されています。

　また,幼稚園教育要領の第2章「ねらい及び内容」においては「ねらい」は「**幼稚園修了までに育つことが期待される生きる力の基礎となる心情・意欲・態度**」と定義されています。

　ねらいには下記のフレッシュ保育者がつぶやくように,①こんな気持ちを子どもたちに味わってほしい,②こんな意欲を持ってほしい,③こんな態度が身に付くといいな,3つの方向性があります。保育者はこの3つの方向性を手がかりに,保育内容・教育内容を設定していくのです。

ねらい

「ねらい」（3つの育ってほしい方向性）って次の3つなのね。
①こんな気持ちを子どもたちに味わってほしい（心情）
②こんな意欲を持ってほしい（意欲）
③こんな態度が身に付くといいな（態度）

ただ,「ねらい」に示されている3つの方向性はかなり大まかで, 実際のところ, 具体的に, どんな保育内容・教育内容を子どもの生活の中に入れ込んで行けば,「ねらい」に近づくことができるのかイメージすることは難しいですよね。それをイメージしやすくする手がかりが, 後で示す「内容」に示されています。

(2) **内容とは**

　「ねらい」をイメージする手がかりが「内容」にあることはわかりましたが, 保育所保育指針や幼稚園教育要領ではどのように記されているのでしょうか。

　保育所保育指針では, 表1のように「ねらい」を達成するための保育の「内容」として,「「ねらい」を達成するために, 子どもの生活やその状況に応じて**保育士等が適切に行う事項**と, 保育士等が援助して**子どもが環境に関わって経験する事項を示したもの**」と定義されています。また, 表2のように幼稚園教育要領では,「内容」は「ねらいを達成するために**指導する事項**」であると述べられています。

　「ねらい」を達成するために準備すべき保育内容・教育内容は, 子どもが経験すべきこと, 保育者が指導すべきこととして,「内容」の中に具体的に書かれているのです。

　子どもは様々な経験や指導といった内容を通じて, 色々な気持ちを味わったり（心情）, やる気を持ったり（意欲）, 色々なことができるようになって（態度）,「ねらい」を達成するという関係になります。表1や表2からもわかるように,「ねらい」と「内容」は双方

表1：保育所保育指針第3章「保育の内容」で示されている「ねらい」と「内容」

ねらい	内容
子どもが保育所において, 安定した生活を送り, 充実した活動ができるように, 保育士等が行わなければならない事項及び子どもが身に付けることが望まれる心情, 意欲, 態度などの事項を示したもの	「ねらい」を達成するために, 子どもの生活やその状況に応じて保育士等が適切に行う事項と, 保育士等が援助して子どもが環境に関わって経験する事項を示したもの

表2：幼稚園教育要領第2章「ねらい及び内容」で示されている「ねらい」と「内容」

ねらい	内容
幼稚園修了までに育つことが期待される生きる力の基礎となる心情, 意欲, 態度	ねらいを達成するために指導する事項

向の関係にありますね。

　子どもはあなたが考えた遊び（保育内容）の題材を，保育者の指導や援助を受けながら経験することを通じて，色々な気持ち（心情）を味わったり，やってみようという意欲を持ったり，できるようになったり（態度）するという「ねらい」を身に付けるということです。

　さて，あなたが考えた遊びを，あなたの指導や援助を受けながら「経験」することを通じて，どんな「ねらい」を達成することになるのでしょうか。あなたがイメージする遊びが子どもにもたらす経験に最も近いものを，保育所保育指針や幼稚園教育要領の「内容」からみつけてみることで，あなたの指導案の「ねらい」が見えてくるのです。

「ねらい」はわかったけど，具体的にどうすれば「ねらい」を達成できるの？

「内容」を参考にしたらいいよ
「ねらい」を達成するために保育者が指導すること・子どもが経験することが，5領域それぞれに10項目ほど，示されています。そこにヒントがあるのよ！

(3) 5領域とは

　また，「ねらい」の3つの方向性と，それら3つの方向性をさらに具体的に説明している「内容」は，「5領域」という保育内容の5つの領域それぞれに設定されています。5領域とは，健康・人間関係・環境・言葉・表現の5つの領域です。保育者は，子どもたちが日ごろ体験する生活や遊びの中に，どの領域もまんべんなく，自然に，バランス良く，組み込まれているかを見ながら保育・教育の計画を立て，その時その時の保育内容や教育内容を選び，遊びを考えていくのです。

　ただし，この「5領域」は，小学校の「教科」とは違う性質のものです。小学校以上の「教科」は，それぞれの教科において，到達しなければならない段階が明示されていますが，「5領域」は「到達しなければならない」というものではなく，あくまでも保育内容を考えていく際の「方向性」なのです。

そうか！5領域は小学校の教科とはちがうんだ。

2．保育所保育指針の「ねらい」と「内容」

では具体的に保育所保育指針において，5領域にはそれぞれどのような「ねらい」と「内容」が示されているのでしょうか。表3で見てみましょう。

表3：保育所保育指針において示されている5領域の「ねらい」と「内容」

領域	ねらい	内容
健康	①明るく伸び伸びと行動し，充実感を味わう。 ②自分の体を十分に動かし，進んで運動しようとする。 ③健康，安全な生活に必要な習慣や態度を身に付ける。	①保育士等や友達と触れ合い，安定感を持って生活する。 ②いろいろな遊びの中で十分に体を動かす。 ③進んで戸外で遊ぶ。 ④様々な活動に親しみ，楽しんで取り組む。 ⑤健康な生活のリズムを身に付け，楽しんで食事をする。 ⑥身の回りを清潔にし，衣類の着脱，食事，排泄など生活に必要な活動を自分でする。 ⑦保育所における生活の仕方を知り，自分たちで生活の場を整えながら見通しを持って行動する。 ⑧自分の健康に関心を持ち，病気の予防などに必要な活動を進んで行う。 ⑨危険な場所や災害時などの行動の仕方が分かり，安全に気を付けて行動する。
人間関係	①保育所生活を楽しみ，自分の力で行動することの充実感を味わう。 ②身近な人と親しみ，関わりを深め，愛情や信頼感を持つ。 ③社会生活における望ましい習慣や態度を身に付ける。	①安心できる保育士等との関係の下で，身近な大人や友達に関心を持ち，模倣して遊んだり，親しみを持って自ら関わろうとする。 ②保育士等や友達との安定した関係の中で，共に過ごすことの喜びを味わう。 ③自分で考え，自分で行動する。 ④自分でできることは自分でする。 ⑤友達と積極的に関わりながら喜びや悲しみを共感し合う。 ⑥自分の思ったことを相手に伝え，相手の思っていることに気付く。 ⑦友達の良さに気付き，一緒に活動する楽しさを味わう。 ⑧友達と一緒に活動する中で，共通の目的を見いだし，協力して物事をやり遂げようとする気持ちを持つ。 ⑨良いことや悪いことがあることに気付き，考えながら行動する。 ⑩身近な友達との関わりを深めるとともに，異年齢の友達など，様々な友達と関わり，思いやりや親しみを持つ。 ⑪友達と楽しく生活する中で決まりの大切さに気付き，守ろうとする。 ⑫共同の遊具や用具を大切にし，みんなで使う。 ⑬高齢者を始め地域の人々など自分の生活に関係の深いいろいろな人に親しみを持つ。 ⑭外国人など，自分とは異なる文化を持った人に親しみを持つ。

環境	①身近な環境に親しみ，自然と触れ合う中で様々な事象に興味や関心を持つ。 ②身近な環境に自分から関わり，発見を楽しんだり，考えたりし，それを生活に取り入れようとする。 ③身近な事物を見たり，考えたり，扱ったりする中で，物の性質や数量，文字などに対する感覚を豊かにする。 	①安心できる人的及び物的環境の下で，聞く，見る，触れる，嗅ぐ，味わうなどの感覚の働きを豊かにする。 ②好きな玩具や遊具に興味を持って関わり，様々な遊びを楽しむ。 ③自然に触れて生活し，その大きさ，美しさ，不思議さなどに気付く。 ④生活の中で，様々な物に触れ，その性質や仕組みに興味や関心を持つ。 ⑤季節により自然や人間の生活に変化のあることに気付く。 ⑥自然などの身近な事象に関心を持ち，遊びや生活に取り入れようとする。 ⑦身近な動植物に親しみを持ち，いたわったり，大切にしたり，作物を育てたり，味わうなどして，生命の尊さに気付く。 ⑧身近な物を大切にする。 ⑨身近な物や遊具に興味を持って関わり，考えたり，試したりして工夫して遊ぶ。 ⑩日常生活の中で数量や図形などに関心を持つ。 ⑪日常生活の中で簡単な標識や文字などに関心を持つ。 ⑫近隣の生活に興味や関心を持ち，保育所内外の行事などに喜んで参加する。
言葉	①自分の気持ちを言葉で表現する楽しさを味わう。 ②人の言葉や話などをよく聞き，自分の経験したことや考えたことを話し，伝え合う喜びを味わう。 ③日常生活に必要な言葉が分かるようになるとともに，絵本や物語などに親しみ，保育士等や友達と心を通わせる。 	①保育士等の応答的な関わりや話しかけにより，自ら言葉を使おうとする。 ②保育士等と一緒にごっこ遊びなどをする中で，言葉のやり取りを楽しむ。 ③保育士等や友達の言葉や話に興味や関心を持ち，親しみを持って聞いたり，話したりする。 ④したこと，見たこと，聞いたこと，味わったこと，感じたこと，考えたことを自分なりに言葉で表現する。 ⑤したいこと，してほしいことを言葉で表現したり，分からないことを尋ねたりする。 ⑥人の話を注意して聞き，相手に分かるように話す。 ⑦生活の中で必要な言葉が分かり，使う。 ⑧親しみを持って日常のあいさつをする。 ⑨生活の中で言葉の楽しさや美しさに気付く。 ⑩いろいろな体験を通じてイメージや言葉を豊かにする。 ⑪絵本や物語などに親しみ，興味を持って聞き，想像する楽しさを味わう。 ⑫日常生活の中で，文字などで伝える楽しさを味わう。

表現	①いろいろな物の美しさなどに対する豊かな感性を持つ。 ②感じたことや考えたことを自分なりに表現して楽しむ。 ③生活の中でイメージを豊かにし，様々な表現を楽しむ。	①水，砂，土，紙，粘土など様々な素材に触れて楽しむ。 ②保育士等と一緒に歌ったり，手遊びをしたり，リズムに合わせて体を動かしたりして遊ぶ。 ③生活の中で様々な音，色，形，手触り，動き，味，香りなどに気付いたり，感じたりして楽しむ。 ④生活の中で様々な出来事に触れ，イメージを豊かにする。 ⑤様々な出来事の中で，感動したことを伝え合う楽しさを味わう。 ⑥感じたこと，考えたことなどを音や動きなどで表現したり，自由にかいたり，つくったりする。 ⑦いろいろな素材や用具に親しみ，工夫して遊ぶ。 ⑧音楽に親しみ，歌を歌ったり，簡単なリズム楽器を使ったりする楽しさを味わう。 ⑨かいたり，つくったりすることを楽しみ，それを遊びに使ったり，飾ったりする。 ⑩自分のイメージを動きや言葉などで表現したり，演じて遊んだりする楽しさを味わう。

ベテラン先生のワンポイントアドバイス

　実習中，「手を出しすぎよ。もう少し子どもの様子を見守ってあげて」といったアドバイスを受けたことはありませんか？

　フレッシュ保育者のみなさんは，それぞれの年齢でどんなことを保育者が手伝い，どんなことを子どもたちが自分でがんばるか，といったことがまだわからないでしょうね。

　保育所保育指針には各年齢のおおよその「発達過程」が書かれていますので，実習に行く前に目を通してみるとよいですよ。

　例えば，年少クラスで実習することになったら，おおむね３歳とおおむね４歳を中心に読んでイメージをしておくと，励まして見守る場面や気をつけて配慮しないといけない場面に気づきやすいと思います。ぜひ予習してくださいね！

3. 幼稚園教育要領の「ねらい」と「内容」

一方,幼稚園教育要領の5領域にはそれぞれどのような「ねらい」と「内容」が示されているのでしょうか。表4で見てみましょう。

表4:幼稚園教育要領において示されている5領域の「ねらい」と「内容」

領域	ねらい	内容
健康	(1)明るく伸び伸びと行動し,充実感を味わう。 (2)自分の体を十分に動かし,進んで運動しようとする。 (3)健康,安全な生活に必要な習慣や態度を身に付ける。	(1)先生や友達と触れ合い,安定感をもって行動する。 (2)いろいろな遊びの中で十分に体を動かす。 (3)進んで戸外で遊ぶ。 (4)様々な活動に親しみ,楽しんで取り組む。 (5)先生や友達と食べることを楽しむ。 (6)健康な生活のリズムを身に付ける。 (7)身の回りを清潔にし,衣類の着脱,食事,排泄などの生活に必要な活動を自分でする。 (8)幼稚園における生活の仕方を知り,自分たちで生活の場を整えながら見通しをもって行動する。 (9)自分の健康に関心をもち,病気の予防などに必要な活動を進んで行う。 (10)危険な場所,危険な遊び方,災害時などの行動の仕方が分かり,安全に気を付けて行動する。
人間関係	(1)幼稚園生活を楽しみ,自分の力で行動することの充実感を味わう。 (2)身近な人と親しみ,かかわりを深め,愛情や信頼感をもつ。 (3)社会生活における望ましい習慣や態度を身に付ける。	(1)先生や友達と共に過ごすことの喜びを味わう。 (2)自分で考え,自分で行動する。 (3)自分でできることは自分でする。 (4)いろいろな遊びを楽しみながら物事をやり遂げようとする気持ちをもつ。 (5)友達と積極的にかかわりながら喜びや悲しみを共感し合う。 (6)自分の思ったことを相手に伝え,相手の思っていることに気付く。 (7)友達のよさに気付き,一緒に活動する楽しさを味わう。 (8)友達と楽しく活動する中で,共通の目的を見いだし,工夫したり,協力したりなどする。 (9)よいことや悪いことがあることに気付き,考えながら行動する。 (10)友達とのかかわりを深め,思いやりをもつ。 (11)友達と楽しく生活する中できまりの大切さに気付き,守ろうとする。 (12)共同の遊具や用具を大切にし,みんなで使う。 (13)高齢者をはじめ地域の人々などの自分の生活に関係の深いいろいろな人に親しみをもつ。

環境	(1)身近な環境に親しみ，自然と触れ合う中で様々な事象に興味や関心をもつ。 (2)身近な環境に自分からかかわり，発見を楽しんだり，考えたりし，それを生活に取り入れようとする。 (3)身近な事象を見たり，考えたり，扱ったりする中で，物の性質や数量，文字などに対する感覚を豊かにする。 	(1)自然に触れて生活し，その大きさ，美しさ，不思議さなどに気付く。 (2)生活の中で，様々な物に触れ，その性質や仕組みに興味や関心をもつ。 (3)季節により自然や人間の生活に変化のあることに気付く。 (4)自然などの身近な事象に関心をもち，取り入れて遊ぶ。 (5)身近な動植物に親しみをもって接し，生命の尊さに気付き，いたわったり，大切にしたりする。 (6)身近な物を大切にする。 (7)身近な物や遊具に興味をもってかかわり，考えたり，試したりして工夫して遊ぶ。 (8)日常生活の中で数量や図形などに関心をもつ。 (9)日常生活の中で簡単な標識や文字などに関心をもつ。 (10)生活に関係の深い情報や施設などに興味や関心をもつ。 (11)幼稚園内外の行事において国旗に親しむ。
言葉	(1)自分の気持ちを言葉で表現する楽しさを味わう。 (2)人の言葉や話などをよく聞き，自分の経験したことや考えたことを話し，伝え合う喜びを味わう。 (3)日常生活に必要な言葉が分かるようになるとともに，絵本や物語などに親しみ，先生や友達と心を通わせる。 	(1)先生や友達の言葉や話に興味や関心をもち，親しみをもって聞いたり，話したりする。 (2)したり，見たり，聞いたり，感じたり，考えたりなどしたことを自分なりに言葉で表現する。 (3)したいこと，してほしいことを言葉で表現したり，分からないことを尋ねたりする。 (4)人の話を注意して聞き，相手に分かるように話す。 (5)生活の中で必要な言葉が分かり，使う。 (6)親しみをもって日常のあいさつをする。 (7)生活の中で言葉の楽しさや美しさに気付く。 (8)いろいろな体験を通じてイメージや言葉を豊かにする。 (9)絵本や物語などに親しみ，興味をもって聞き，想像をする楽しさを味わう。 (10)日常生活の中で，文字などで伝える楽しさを味わう。

表現	(1)いろいろなものの美しさなどに対する豊かな感性をもつ。 (2)感じたことや考えたことを自分なりに表現して楽しむ。 (3)生活の中でイメージを豊かにし，様々な表現を楽しむ。	(1)生活の中で様々な音，色，形，手触り，動きなどに気付いたり，感じたりするなどして楽しむ。 (2)生活の中で美しいものや心を動かす出来事に触れ，イメージを豊かにする。 (3)様々な出来事の中で，感動したことを伝え合う楽しさを味わう。 (4)感じたこと，考えたことなどを音や動きなどで表現したり，自由にかいたり，つくったりなどする。 (5)いろいろな素材に親しみ，工夫して遊ぶ。 (6)音楽に親しみ，歌を歌ったり，簡単なリズム楽器を使ったりなどする楽しさを味わう。 (7)かいたり，つくったりすることを楽しみ，遊びに使ったり，飾ったりなどする。 (8)自分のイメージを動きや言葉などで表現したり，演じて遊んだりするなどの楽しさを味わう。

　保育所保育指針と幼稚園教育要領はほぼ同じ内容ですが，小さな違いがあります。
　たとえば，保育所保育指針の「人間関係」の「内容」①には，「安心できる保育士等」，「環境」の「内容」①には「安心できる人的及び物的環境」と書かれているように，「安心」がキーワードとなっています。これは幼稚園教育要領の「内容」には特に明記されていません。また，保育所保育指針「言葉」の「内容」①にも，幼稚園教育要領の「言葉」の「内容」とは違い，「応答的な関わりや話しかけ」の大切さが示されています。
　このような小さな違いは，保育所保育指針は0歳～2歳という低年齢の子どもも対象とした「内容」であることから生じています。乳児期は，幼児期よりも一層安心できる保育士との関係や，1対1の丁寧な応答関係を大前提として，保育内容を考えなければならないことを示しています。この小さな違いの意味についても，理解しておくとよいでしょう。
　「ねらい」については，ほとんど同じ内容となっており，各領域3つずつで，かなり大まかな書き方がされていますので，ステップ1で選んだ遊びの題材と直結させることが難しい場合が多いでしょう。でも，「ねらい」をより理解しやすく，具体的にイメージできるように示された各領域の「内容」から先に読んでみると，ステップ1で選んだ遊びの題材に一番近そうだなと思える「内容」が必ずあるはずです。それがあなた自身がこれから行う保育指導案の「ねらい」を考えるヒントになります。

第4章

遊び（保育内容）の「ねらい」を自分で立てる

フレッシュちゃんとベテラン先生のおしゃべりタイム

ベテラン先生

フレッシュちゃん，難しい顔してどうしたの？日誌で困っているの？

フレッシュちゃん

それが，日誌は書きあがったんですけど，部分指導案で悩んでいて……。

あら？ でも結構出来上がっているじゃない。

日誌で鍛えられて，環境構成とか子どもや保育者の動きは自分でもかなり書けるようになってきたと思うんです。でも**ねらい**に何を書いていいのかわからなくて……。

そうね。他のところはよく書けているわね。

ねらいってそもそもよくわからないし，難しい保育用語とかを使わないといけない気もするし，いつも困ってしまうんです。ベテラン先生，何かヒントになることを教えてもらえませんか？

困った時には保育の基本となる幼稚園教育要領と保育所保育指針に立ち返ってみるといいわよ。

幼稚園教育要領と保育所保育指針ですか？ 何だか難しそう…。

そうかしら？ でもね，幼稚園教育要領や保育所保育指針には5領域それぞれの**ねらい**がのっているのよ。

え？ **ねらい**が？

そうよ。さっきフレッシュちゃんが言っていた保育用語もちゃんと使われているわよ。

え，保育用語も？

ええ。何もないところからねらいを考えるのは難しいけれど，幼稚園教育要領や保育所保育指針にのっている**ねらい**や**内容**を参考にして書けば書きやすいんじゃないかしら。第4章を読めば，フレッシュちゃんもオリジナルな**ねらい**がつくれるわよ。

第4章では

ステップ2 では，保育所保育指針の第3章「保育の内容」か，幼稚園教育要領の第2章「ねらい及び内容」の5領域に示されている「内容」を読み，最も当てはまりそうなものを考えましたね。

さて，ステップ3 では，ステップ2 で選んだ「内容」に対応している「ねらい」はどれか確認します。そして，確認した「ねらい」の文章に，ステップ4 で自分が考えた遊びの題材を組み込み，自分の保育指導案の「ねらい」をつくりましょう。

> ステップ1：遊び（保育内容）の題材を選ぶ。

> ステップ2：保育所保育指針か幼稚園教育要領の「ねらい」・「内容」の文章を読み，選んだ遊び（保育内容）の題材に最も適した「内容」をみつける。

> ステップ3：ステップ2で選んだ「内容」に対応している「ねらい」を確認する。

> ステップ4：ステップ3で確認した「ねらい」の文章と遊び（保育内容）の題材を組み合わせて，あなたがこれから行う遊びの「ねらい」をつくる。

1. 遊び（保育内容）の題材から「ねらい」を立てる方法 ——ややフレッシュ保育者向きの方法——

ではこれから，ステップ1 で遊びの題材を「フルーツバスケット」に決めたフレッシュ保育者が，自分の保育指導案の「ねらい」をつくりあげる ステップ4 までを段階的に見ていきましょう。

ステップ1

「設定保育では，体を動かす遊びがしたいな。体を動かす遊びと言えば，鬼ごっこ，かけっこ，遊具遊び，椅子取りゲーム，リズム運動……何がいいかな？」

↓

「お天気に左右される遊びではない方がいいな。体も動かせる遊びで，子どもたちが楽しめそうなのは……」

↓

「そうだ！フルーツバスケットにしよう！」

↓

ステップ2

じゃあ次に，この遊びに適している「内容」をみつけよう。フルーツバスケットは，体を動かして遊ぶ楽しさを満喫できる遊びだわ。保育所保育指針第3章「保育の内容」の中の5領域の「内容」を読むと，そんな私の考えに近いのは……
「健康」領域の「内容」②の「**いろいろな遊びの中で十分に体を動かす**」。これだわ！！

保育所保育指針の領域「健康」の「ねらい」と「内容」

領域	ねらい	内容
健康	①明るく伸び伸びと行動し，充実感を味わう。 ②自分の体を十分に動かし，進んで運動しようとする。 ③健康，安全な生活に必要な習慣や態度を身に付ける。	①保育士等や友達と触れ合い，安定感を持って生活する。　これだ！！！ **②いろいろな遊びの中で十分に体を動かす。** ③進んで戸外で遊ぶ。 ④様々な活動に親しみ，楽しんで取り組む。 ⑤健康な生活のリズムを身に付け，楽しんで食事をする。 ⑥身の回りを清潔にし，衣類の着脱，食事，排泄など生活に必要な活動を自分でする。 ⑦保育所における生活の仕方を知り，自分たちで生活の場を整えながら見通しを持って行動する。 ⑧自分の健康に関心を持ち，病気の予防などに必要な活動を進んで行う。 ⑨危険な場所や災害時などの行動の仕方が分かり，安全に気を付けて行動する。

ステップ3

「内容」の②「いろいろな遊びの中で十分に体を動かす」に対応しているねらいはどれかな？
「ねらい」は①②③と3つあるけれど，何よりもまずフルーツバスケットを通じて意欲的に体を動かすことを楽しんでほしいから，「ねらい」②の**「自分の体を十分に動かし，進んで運動しようとする」**にしよう！

保育所保育指針の領域「健康」の「ねらい」と「内容」

領域	ねらい	内容
健康	①明るく伸び伸びと行動し，充実感を味わう。 **②自分の体を十分に動かし，進んで運動しようとする。**（これだ！！！） ③健康，安全な生活に必要な習慣や態度を身に付ける。	①保育士等や友達と触れ合い，安定感を持って生活する。 **②いろいろな遊びの中で十分に体を動かす。** ③進んで戸外で遊ぶ。 ④様々な活動に親しみ，楽しんで取り組む。 ⑤健康な生活のリズムを身に付け，楽しんで食事をする。 ⑥身の回りを清潔にし，衣類の着脱，食事，排泄など生活に必要な活動を自分でする。 ⑦保育所における生活の仕方を知り，自分たちで生活の場を整えながら見通しを持って行動する。 ⑧自分の健康に関心を持ち，病気の予防などに必要な活動を進んで行う。 ⑨危険な場所や災害時などの行動の仕方が分かり，安全に気を付けて行動する。

ステップ4

健康のねらい②「自分の体を十分に動かし，進んで運動しようとする」
↓
この文章に，遊び「フルーツバスケット」を取り込んで，私だけの指導案の「ねらい」をつくる。
↓
「フルーツバスケットを通じて，自分の体を十分に動かし，進んで運動しようとする」

できた！！！

第4章 遊び（保育内容）の「ねらい」を自分で立てる

どうでしょうか。このように,「フルーツバスケット」を遊びの題材に選んだ保育指導案の「ねらい」は,保育所保育指針や幼稚園教育要領の力を借りることで,うまくつくることができました。

表1は, ステップ1 で遊びの題材を「フルーツバスケット」にした場合の ステップ2 から ステップ4 までの手順をそれぞれの領域のねらいの違いにそって示した例です。

ただし,これは一例であり,保育所保育指針や幼稚園教育要領をよく読み込んで,納得できる「内容」や「ねらい」を選んでくださいね。

表1: ステップ1 で遊び(保育内容)の題材を「フルーツバスケット」にした場合
—力をつけたい領域に応じて—

領域	ステップ2 内容をみつける	ステップ3 ねらいを確認する	ステップ4 自分のねらいをつくる
健康	内容②いろいろな遊びの中で十分に体を動かす。	ねらい②自分の体を十分に動かし,進んで運動しようとする。	フルーツバスケットを通じて,自分の体を十分に動かし,進んで運動しようとする。
人間関係	内容⑦友達の良さに気付き,一緒に活動する楽しさを味わう。	ねらい②身近な人と親しみ,関わりを深め,愛情や信頼感を持つ。	フルーツバスケットを通じて,身近な人と親しみ,関わりを深め,愛情や信頼感を持つ。
環境	内容⑤季節により自然や人間の生活に変化のあることに気付く。	ねらい②身近な環境に自分から関わり,発見を楽しんだり,考えたりし,それを生活に取り入れようとする。	フルーツバスケットを通じて,季節の果物に親しみ,遊びの中に取り入れようとする。
言葉	内容⑥人の話を注意して聞き,相手に分かるように話す。	ねらい②人の言葉や話などをよく聞き,自分の経験したことや考えたことを話し,伝え合う喜びを味わう。	フルーツバスケットの遊びで友達や保育者の言葉をよく聞いて動く楽しさを味わう。
表現	内容⑨かいたり,つくったりすることを楽しみ,それを遊びに使ったり,飾ったりする。	ねらい②感じたことや考えたことを自分なりに表現して楽しむ。	フルーツバスケットに使うフルーツペンダントを作ることを楽しむ。

出典:保育所保育指針第3章「保育の内容」を参考に筆者らが作成。

以上のように,「ねらい」を立てる過程で,特にあなたが考えた遊び(保育内容)の題材に強く込めたい「ねらい」を選び,保育指導案の「ねらい」とすればよいのです。「ねらい」は一つではなく,例えば「健康」と「表現」のように二つの領域にまたがることも多いです。

2. 保育所保育指針や幼稚園教育要領の「ねらい」から遊び（保育内容）の題材を考え出す方法 ──ややベテラン保育者に近い方法──

ところで，「ねらい」を自分で立てる時には，もう一つ方法があります。それは，まず保育所保育指針や幼稚園教育要領の「ねらい」や「内容」を読んでみて，あなたが子どもたちに必要だと思った「ねらい」に沿った遊び（保育内容）の題材を集めてくる方法です。

これはどちらかというと，保育指導案を作ることに慣れているベテラン保育者に近い方法になります。例えば保育所であれば，保育所保育指針の「ねらい」に合う遊び（保育内容）の題材は次頁表2のように考えられるかもしれません。

 ベテラン先生のワンポイントアドバイス

実習が始まる前，実習生は緊張したり不安になったりドキドキしたりしますね。でも，私たち（ベテラン保育者）も実習生を迎えるにあたって，「どんな実習生かしら」と待っているんですよ。あなたは，前向き実習生のタイプでしょうか？それとも後ろ向き実習生のタイプでしょうか？

①前向き実習生

「こういう時はこうしてね」とアドバイスした時，笑顔で「はい」と返事をして実行に移してくれたら，次のアドバイスもしやすいし，応援したくなるわね。

②後ろ向き実習生

ちょっとしたアドバイスのつもりが，「叱られた」「嫌われている」と落ち込んだり，笑顔や返事がなかったりすると，アドバイスがしづらくなるわね。

実習生は失敗して当たり前。失敗を自分自身の成長につなげて実習を終えてもらえたらと思っています。元気に笑顔で実習に取り組んでくださいね。

表2：5領域のねらいから遊びを考えよう

領域	ねらい	遊びを考えるポイント	指導案の例
健康	①明るく伸び伸びと行動し，充実感を味わう。	「明るく伸び伸びと」とあるように心も体ものびやかに活動できる遊びができるといいですね。音楽に合わせて踊ったり歌ったりするのも楽しいでしょう。	新聞紙をちぎって遊ぶ（p.102） 秋のうた遊び（p.123） かもつれっしゃじゃんけん遊び（p.129） じゃんけんゲーム（p.131）
健康	②自分の体を十分に動かし，進んで運動しようとする。	年齢にあった体操をしたりゲームをしたりしながらたくさん体を動かせるとよいでしょう。ダイナミックな遊びをする場合はケガなどに特に注意しましょう。	おうちに入ろう遊び（p.82） 果物のお引越し遊び（p.83） まてまてクマさん鬼ごっこ（p.89） しっぽとり鬼ごっこ（p.90） ぱくぱく競走（p.96） たまごリレー（p.97）　など
健康	③健康，安全な生活に必要な習慣や態度を身に付ける。	歯磨きやトイレなど生活習慣を身に付けられる遊びを工夫したり，ペープサートや人形などを使って保育者から発信するのもよいでしょう。	バスごっこ（p.116） ○×クイズで遊ぶ（p.143）
人間関係	①保育所生活を楽しみ，自分の力で行動することの充実感を味わう。	遊びの中で，それぞれの発達にあったあるいは少しだけ難しい課題を達成し，楽しく自分の力で行動する充実感を味わえるとよいですね。	よーいドン遊び（p.95） 宝探し遊び（p.101） 新聞折り紙（p.103）
人間関係	②身近な人と親しみ，関わりを深め，愛情や信頼感を持つ。	友達や保育者と話したり，関わったりしながら遊べるものがよいでしょう。友達と力を合わせて遊べるものもよいでしょう。	仲よくたまご配達リレー（p.98） じゃんけん遊び（p.128） 異年齢混合リレー（p.138） 新聞紙をつないで遊ぶ（p.139） など
人間関係	③社会生活における望ましい習慣や態度を身に付ける。	遊びの中であいさつやきまりを楽しく身に付けられるとよいですね。異年齢の子どもたちや地域の方々と関わりを深める中で望ましい習慣や態度が身に付いていくことも多いです。	うずまきじゃんけん（p.130） じゃんけんゲーム（p.131）
環境	①身近な環境に親しみ，自然と触れ合う中で様々な事象に興味や関心を持つ。	五感を働かせ，自然のいろいろなものと触れ合う遊びができるとよいでしょう。そのための環境構成を工夫しましょう。	しっぽとり鬼ごっこ（p.90） 新聞折り紙（p.103） バスごっこ（p.116） 野菜ごっこ（p.117）
環境	②身近な環境に自分から関わり，発見を楽しんだり，考えたりし，それを生活に取り入れようとする。	自然の変化や季節の移り変わりに気付き，興味関心が持てるよう遊びを工夫しましょう。季節の植物などを取り入れた遊びもよいでしょう。	ぱくぱく競走（p.96） しゃぼん玉の水ぼかし（p.107） 傘の模様遊び（p.108） 染め物ごっこ（p.119） 新聞紙をつないで遊ぶ（p.139）
環境	③身近な事物を見たり，考えたり，扱ったりする中で，物の性質や数量，文字などに対する感覚を豊かにする。	遊びの中で数量や図形，標識や文字などに自然と親しめるとよいでしょう。身近な人々や保育所内外の行事も遊びに取り入れられるとよいですね。	形鬼ごっこ（p.91） 壺の模様遊び（p.109）

言葉	①自分の気持ちを言葉で表現する楽しさを味わう。	遊びを通していろいろな言葉をやり取りできるとよいですね。ごっこ遊びなどを通していろいろな言葉に対する豊かな感覚を育てていけるとよいでしょう。	せんたくぐるぐる (p.111) 野菜ごっこ (p.117) 秋のうた (p.123) おべんとうばこのうた (p.124) アブラハムの子 (p.125)
	②人の言葉や話などをよく聞き，自分の経験したことや考えたことを話し，伝え合う喜びを味わう。	友達や保育者とのやり取りの中で相手の言うことを聞いて理解し，自分の思いを相手にわかるように話せるようになっていくとよいですね。言葉のやり取りが楽しいと思える遊びを工夫しましょう。	カレーライスバスケット (p.84) 宝探し遊び (p.101) ドロップスのお絵描き (p.106) 冷蔵庫遊び (p.113) アクセサリーごっこ (p.118) 風船おくりゲーム (p.142) ○×クイズで遊ぶ (p.143)
	③日常生活に必要な言葉が分かるようになるとともに，絵本や物語などに親しみ，保育士等や友達と心を通わせる。	あいさつや日常生活をスムーズにする言葉に親しめる遊びもよいでしょう。絵本などを通して言葉の楽しさや美しさにも気付いていけるとよいですね。	しかけ扉のお絵描き (p.112) ストーリーのあるお絵描き (p.114)
表現	①いろいろな物の美しさなどに対する豊かな感性を持つ。	遊びを通して様々な素材に触れたり，様々な音，色，形，手触り，動き，味，香りなどに触れたりし，豊かな感性が育っていくよう工夫しましょう。	ドロップスのお絵描き (p.106) しゃぼん玉の水ぼかし (p.107) 傘の模様遊び (p.108) アクセサリーごっこ (p.118) 染め物ごっこ (p.119) リズム遊び (p.126)
	②感じたことや考えたことを自分なりに表現して楽しむ。	遊びの中で自分の思いを音や動きなどで表現したり，自由にかいたりつくったりできるとよいでしょう。子どもならではの楽しい表現を型にはめてしまわないよう注意しましょう。	フルーツバスケット (p.86) しっぽ島鬼ごっこ (p.92) 新聞紙の服作り (p.104) 冷蔵庫遊び (p.113) ストーリーのあるお絵描き (p.114) 郵便ごっこ (p.140)
	③生活の中でイメージを豊かにし，様々な表現を楽しむ。	遊びの中で人や物，自然や社会事象と関わりイメージを豊かにしていけるとよいですね。歌ったり，楽器を使ったり，かいたり，つくったり，動きで表現したりしながら楽しく遊びましょう。	おうちに入ろう遊び (p.82) 新聞紙の服作り (p.104) 壺の模様遊び (p.109) せんたくぐるぐる (p.111) しかけ扉のお絵描き (p.112) おべんとうばこのうた (p.124)

以上のように，「ねらい」からすらすらと難なく遊び（保育内容）の題材が考えられるようになれば指導案をつくる力がアップしていると言えるかもしれませんね。目の前のクラスの子どもたちの状況を的確に観察し，今必要な「ねらい」が何なのかを考え，遊び（保育内容）の題材を組み立てることができる保育者を目指したいですね。

第5章

クラスに合った保育指導案をつくるためにアレンジしよう

フレッシュちゃんとベテラン先生のおしゃべりタイム

ベテラン先生

> フレッシュちゃん,そんなに泣いてどうしたの？

フレッシュちゃん

> 今日,4歳児のクラスで折り紙をしたんですけど,大失敗でした……。

> サンタクロースとトナカイの折り紙を折ろうと思って用意していたんですけど,実際にやってみると全然進まなくて。
> そのうち子どもたちの集中力もきれて,大騒ぎの大混乱になっちゃいました(泣)

> 結局,担任の先生に手伝ってもらいながらサンタの顔だけ作って,サンタの服とトナカイには手も付けられませんでした…。(泣泣)

> そうだったの。

> あとで担任の先生から,子どもたちは折り紙の経験がそんなになくて,どちらかというと元気でダイナミックな遊びの方が好きだって聞いて…。(泣泣泣)

> 指導案にも書く欄があるけど,**子どもの姿**がよくわかっていなかったのね。

> そうなんです。折り紙の本に「4歳〜」って書いてあったのでできると思って…。

> 元気を出して！！フレッシュちゃん。
> 第5章で**クラスにあった指導案をつくる**ために,どうしたらよいか,アレンジの仕方を教えてあげるわ。

第5章では

　ステップ1〜ステップ4で，遊び（保育内容）の題材，「ねらい」の立て方が理解できたら，さらにあなたがこれから行う遊び（保育内容）を指導案に具体的に書いていくために，ステップ5でクラスの子どもの状況に応じて遊びをアレンジすることを考えていきましょう。

　「アレンジ」とは，ステップ4までに考えてきた「ねらい」のある遊びを，今度は実際に保育を行うクラスの子どもの状況や，その時期の生活・季節感に合うように，工夫して変えることです。

　たとえば，「フルーツバスケット」という一つの遊びは，子どもの状態に応じていくつもバリエーションのある遊び方へアレンジすることができますし，「ねらい」に応じて遊び方ももちろん変わってきます。

　ステップ5までできれば，指導案に必要なエッセンスは全てそろいます。本章では，遊び（保育内容）のアレンジ方法について，見ていきましょう。

ステップ1：遊び（保育内容）の題材を選ぶ。

ステップ2：保育所保育指針か幼稚園教育要領の「ねらい」・「内容」の文章を読み，選んだ遊び（保育内容）の題材に最も適した「内容」をみつける。

ステップ3：ステップ2で選んだ「内容」に対応している「ねらい」を確認する。

ステップ4：ステップ3で確認した「ねらい」の文章と遊び（保育内容）の題材を組み合わせて，あなたがこれから行う遊びの「ねらい」をつくる。

ステップ5：クラスの子どもの状況に応じて遊び（保育内容）をアレンジする。

1．年齢に応じてアレンジ

「フルーツバスケット」という誰でも知っている遊び（保育内容）も，クラスの年齢が2歳なのか，あるいは5歳なのかによって，ずいぶん遊び方が変わってきます。表1は，遊びを「フルーツバスケット」にして，年齢に応じた遊び方の例を示したものです。

表1：「フルーツバスケット」：年齢に応じた遊び方例

	予想される反応や行動	遊び（保育内容）のアレンジ
2歳児	●場所替えや椅子取りゲームをするという意味はまだ理解できない。音楽が鳴ったら動き，止まったら保育者のまねをして止まるという遊びの繰り返しや音楽が止まったら「おうち」に見立てたフープに入るなどの遊びなら楽しめる。	●音楽が止まったら，果物ポーズをして楽しむ。音楽に合わせて歩き，音楽が止まったらその場で保育者がやって見せる果物のポーズをする。両手を上に挙げて伸びる「バナナ」ポーズや両手を頭に乗せてしゃがむ「りんご」ポーズなどを楽しむ。
3歳児	●場所替えや椅子取りゲームの意味がわかり始める。しかし，自分の分だけ椅子がないということを楽しめるほどには椅子取りゲームを理解できないかもしれない。さらに，競争して場所を取り合うということは難しい。 ●途中で自分に割り当てられた果物を忘れると予想されるので，ペンダントやブレスレットで自分の果物を確認できるようにしておく。 ●鬼になりたがる子どもが多い可能性がある。保育者と一緒に，同じ子どもばかりが鬼にならないような配慮が必要である。	●果物のお引っ越し遊びを楽しむ。全員が椅子に座り，バナナ・リンゴ・みかんの3つのうち，自分がどれか一つの果物を割り当てられていることを理解し，自分の果物名が呼ばれたら，座る場所を変わる遊びを楽しむ。 ●ペンダントやブレスレットをつけて移動することを楽しむ。
4歳児	●保育者に手伝ってもらいながらではあるが，鬼になることができる。 ●椅子取りゲームで自分の椅子がないかもしれないというスリルを感じられる子どもも出てくる。 ●鬼になりたがる子どももいると予想される一方で，鬼になってしまってパニックになる子どももいる。一人ひとりの個性をよく見極める必要がある。	●フルーツバスケットを楽しむ。全員が椅子に座り，自分が割り当てられた果物の名前が呼ばれたら，座る場所を変わる遊びを楽しむ。椅子は子どもの人数よりも一つ少なくしておき，座れなかった子どもは保育者と一緒に，次にどの果物を指名するか考えて大きな声で伝える。どの果物の名前が呼ばれるか友達の言葉を聴き，それに従って瞬時に体を動かすことを楽しむ。
5歳児	●椅子取りゲームやフルーツバスケットを何度かやったことがあると考えられるので，一度に二つのフルーツの場所替えをしたり，自分たちでフルーツペンダントを作る，ルールを工夫するなどフルーツバスケットをするまでの期待感がふくらむような活動を入れるとよい。 ●椅子取りゲームに熱中するあまりに，友達とぶつかるなど怪我につながる恐れもある。広い空間を確保すると同時に，子どもたち同士でよく周囲を見るなど，怪我をしないための注意事項を事前に話し合っておくなどの工夫も必要である。	●自分でフルーツペンダントを作り，遊びの準備を楽しむ。グループごとに，フルーツペンダントを作る。そのペンダントを首に下げて，「フルーツバスケット」（全員場所移動）をしたり，果物を二つにして言うなど，応用して遊ぶことを楽しめるようにする。 ●フルーツバスケットのスリルを楽しむ。「み・み・・・りんご」など，わざと間違えて動きそうな言葉遊びを保育者が取り入れてみるなど，体をめいっぱい動かせるようなアレンジをする。

2．年齢に応じて衛生・安全への配慮もアレンジ

　体を動かす遊びはもちろんのこと，造形遊びなどにおいても，年齢に応じた衛生・安全面での配慮事項を考えなければなりません。たとえば「フルーツバスケット」であれば，以下のように年齢に応じて，衛生的かつ安全に遊ぶための配慮が挙げられますね。子どもたちが安全に，どの子どもも安心して遊べるように，年齢や時期を考えて，環境や準備に配慮しましょう。表2は，「フルーツバスケット」を例に子どもにとってわかりやすく，衛生的・安全に遊ぶための配慮を示したものです。

表2：「フルーツバスケット」を例に子どもにとってわかりやすく，衛生的・安全に遊ぶための配慮事項

	子どもにとってわかりやすく，衛生的・安全に遊ぶための配慮
2歳児	・椅子取りの要素は入れないので，広いフロアーを準備する。 ・フロアーはきれいに掃除しておく。 ・安全地帯に見立てたフープを用意すると，ポーズ遊びも行いやすい。 ・必ず保育者が実際にやって見せて，何をするのか目で見てわかるようにする。
3歳児	・まずは，自分がどの果物を割り当てられているのかが見てわかるように，果物を描いたペンダントや色付きのブレスレットをつける。（ペンダントやブレスレットは保育者が事前に準備） ・どの果物がお引っ越しするかわかるように，保育者は絵でも示し，果物の名前と形が一致するようにする。 ・席を移動する際にぶつからないように，「果物はそーっとお引っ越しするんだよ」と事前に確認する。 ・鬼役は保育者がする。 　急いで椅子に座ると危険だと判断した場合，フープで代用する。 ・滑って転んだりしないよう，不要物やごみは拾って片付けておく。
4歳児	・毎回一人の子どもが椅子に座れなくなるが，二人で椅子を取り合いになったときには「じゃんけんだよ」と解決できるようにする。ときには「じゃあ，なかよしバナナ」と一つの椅子に二人で座るようにするなど，臨機応変に楽しめるよう工夫する。 ・自分の果物がわかるよう，ペンダント（ブレスレット）を用意しておく。慣れてきたら「じゃあ，みんな自分の果物覚えたかな？」と確認し，ペンダント（ブレスレット）をはずして行ってもよい。 ・椅子を奪い合おうとして動きが激しくなる危険があるので，椅子と椅子の間隔を広めにとるか，椅子の代わりにフープを使用する。 ・鬼役は保育者と一緒に子どもがする。
5歳児	・保育者の付き添いがなくても，子どもだけで次に呼ぶ果物の名前を考えるようにする。 ・慣れてきたら椅子（フープ）を子どもの人数より二つ減らし，鬼になった子ども同士で相談して果物の名前を考えるようにする。 ・動きはさらに活発になる可能性が高いので，「お友達とぶつからないようにするためにはどうしたらいい？」と子どもたちからも考えを引き出して安全に遊ぶための注意を喚起するとともに，遊戯室など広い場所を確保するようにする。

3．季節に応じてアレンジ

　季節に応じて，「フルーツバスケット」の「フルーツ」部分を変えることもできますね。
　「フルーツバスケット」というのは，自分に割り当てられたフルーツが鬼に呼ばれたら，今座っている場所（椅子）から他の場所（椅子）へ移動する遊びですが，割り当てるのはフルーツに限らなくてもよいのです。
　季節に応じて，いくらでもアレンジすることができます。ちょっと呼び方や割り当てる物を変えるだけで，違った気持ちで楽しむことができるのです。表3は，「フルーツバスケット」の季節に応じた遊び方の例です。

表3：「フルーツバスケット」：季節に応じた遊び方例

季節	遊びの題材名	遊び方
春	おはなやさんバスケット	チューリップ，たんぽぽ，さくらなど春の花をフルーツの代わりにする。
夏	おさかなバスケット	たこやかに，ざりがになど水辺の生き物や魚屋さんにいる魚をフルーツの代わりにする。
秋	きのこバスケット	しいたけやエリンギ，しめじなど秋にちなんで色々な種類のきのこをフルーツの代わりにする。
冬	クリスマスバスケット	トナカイ，サンタクロース，チキンなど，クリスマスにちなんだものをフルーツの代わりにする。

ベテラン先生のワンポイントアドバイス

　フルーツバスケットをする時，時間があれば，前もって子どもたちと一緒にお絵描きをしてペンダントや額に付けるお面のようなものを作っておくと，子どもたちは，自分がどのチームかわかりやすいわね。
　時間がないときは，色画用紙と輪ゴムで，りんごチームは赤，メロンチームは緑，バナナチームは黄色，ぶどうチームは紫というふうに色別のブレスレットを用意しておくと簡単です。誰がどのチームか一目でわかる工夫をすると遊びがより楽しくなりますよ。

4．生活に応じてアレンジ

　季節だけではなく，子どもたちが興味を持っていることや生活に応じて，「フルーツバスケット」の遊び方にバリエーションを持たせることもできますね。表4は，「フルーツバスケット」を生活に応じて遊べるように，例として示しました。これ以外にも，虫や鳥などをフルーツの代わりにしたりして，その時の子どもが楽しんで遊べるようにアレンジするとよいですね。

表4：「フルーツバスケット」：生活に応じた遊び方例

生活	遊びの題材名	遊び方
パンが大好きな子どもが多い	パンやさんバスケット	サンドイッチ，メロンパン，あんパンなど，色々なパンをフルーツの代わりにする。
動物園に遠足に行った後	どうぶつバスケット	パンダ，ぞう，ライオン，キリンなど，動物をフルーツの代わりにする。
暑いとき	アイスクリームバスケット	バニラ，チョコ，ストロベリーなど，色々な味のアイスクリームをフルーツの代わりにする。
寒いとき	おなべバスケット	白菜，豆腐，肉など，お鍋料理の具を出し合ってフルーツの代わりにする。
友達を観察できるようになっている（4歳以上）	何でもバスケット	「髪の毛をくくっている人」，「朝ごはんにパンを食べてきた人」など，その場に応じた条件を出して，場所替えをする。

ベテラン先生のワンポイントアドバイス

　何でもバスケットをすると，鬼になった時何を言えばいいのか困ってしまう子がでてきます。そんな時は，「○○ちゃんの好きな動物は？」とその子に聞いてみましょう。「うさぎ」などといった答えが返ってきますので，「じゃあ，うさぎが好きなお友達って言ってみる？」と促してみましょう。その子だけではなく，聞いている周りの子どもたちもこういう風に考えればいいのかとヒントになると思います。
　他に「乗り物」「おやつ」「お花」「虫」「公園の遊具」「おもちゃ」「果物」「野菜」など，何でもよいですよ。その子が好きそうなものを提案できるとよいですね。

5．「ねらい」に応じてアレンジ

また，5領域のどの領域を中心とする「ねらい」にするかによって，「フルーツバスケット」という一つの遊び題材であっても，環境構成や援助に変化が生まれますね。表5は，「フルーツバスケット」を例に，領域ごとのねらいをアレンジし，それに応じて必要とされる環境構成や援助の例を示したものです。

表5：「フルーツバスケット」を例に，ねらいに応じた環境構成・援助の例

領域	ねらい	環境構成・援助の例
健康	フルーツバスケットを通じて自分の体を十分に動かし，進んで運動しようとする。	・椅子や場所を移動するときに沢山走れるように広い場所を使う。 ・スキップやジャンプで移動するなど，色々な動きを取り入れる。
人間関係	フルーツバスケットを通じて身近な人と親しみ，関わりを深め，愛情や信頼感を持つ。	・椅子や場所を取り合うだけではなく，一つのフープに二人で入るなど，友達同士で協力する遊び方を取り入れる。
環境	フルーツバスケットを通じて季節の果物に親しみ，遊びの中に取り入れようとする。	・季節に応じた旬の食べ物や動植物を取り入れていることを，子どもたちが意識して遊べるように，導入などで「今日は秋においしい食べ物が出てくる遊びをするよ。秋においしい食べ物ってなんだろうね」と話すなどの工夫をする。
言葉	フルーツバスケットの遊びで友達や保育者の言葉をよく聞いて動く楽しさを味わう。	・友達が果物を言うときは静かに集中して聞くなど，友達や保育者の言葉に耳を傾けることの大切さを伝える。 ・「ま・ま・ま・まつぼっくり」や「ま・ま・ま・まつたけ」など，同じように「ま」が頭につく言葉などを「フルーツ」代わりに取り入れ，言葉やリズムの面白さを子どもが感じられるように工夫する。
表現	・フルーツバスケットに使うフルーツペンダントを作ることを楽しむ。 ・色々なフルーツを体で表現することを楽しむ。	・自分たちに割り当てられた果物を頭でイメージするだけではなく，そのイメージをペンダントに描くという表現を楽しめるようにする。またそれを作る過程で，「フルーツバスケット」という遊びへの期待が高まるようにする。 ・りんごやみかん，バナナなど，身近な果物や，動物を身ぶりで表現したり，保育者や友達の身ぶりを見ることが楽しめるような遊び方を工夫する。

第 6 章

「ねらい」が生きる保育指導案の骨組み（素案）を作ろう

フレッシュちゃんとベテラン先生のおしゃべりタイム

フレッシュちゃん

今日担任の先生の保育を見せていただいて気がついたことがあるんです！

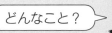
どんなこと？

ベテラン先生

担任の先生は何か保育をする時，すごく上手にそっちの方に話を持っていくんですよね～。

そして，保育が終わった後も「楽しかった～」「またやりたいなぁ～」っていい感じの余韻が残って，子どもたちも満足そうに次の活動に移っていくんですよね～。

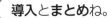
導入と**まとめ**ね。

導入と**まとめ**ですか？

上手に**導入**をすると活動がとても楽しみになって集中できるし，上手に**まとめ**をすると活動を楽しく振り返ることができるわね。

そんなに大切なことだったんですね。私，メインの活動にばかり気を取られて，**導入**や**まとめ**は適当になっていました。

メインの活動ももちろん大切だけど，**保育の流れ**もとても大切よね。
第6章では，どんな流れで保育をしていくか**素案**の作り方を勉強していきましょう。

遊びの題材を考え,それに合った「ねらい」を立てる方法はだいたいつかめたことと思います。本章では,あなたが立てた「ねらい」を柱にした保育指導案の骨組みである「素案」を書いてみましょう。

1. 素案(そあん)を作る

まず,「素案」とは,保育指導案の大まかな流れを書いたものです。素案の流れは次のようになります。

導入 ➡ 主となる活動(展開) ➡ まとめ

ここまで考えてきた遊び(保育内容)の題材は,素案の中では「主となる活動」の欄に,記入します。まずは素案の例を見てみましょう。

＜遊びの題材をフルーツバスケットにした素案の例＞

諸条件	年齢：4歳児　　場所：保育室　　時間：30分
ねらい	・フルーツバスケットを通じて,自分の体を十分に動かし,進んで運動しようとする。
導入	手遊び「フルーツパフェ」をする(10分)
主となる活動	フルーツバスケットをする。(15分)
まとめ	隣の友達の肩たたき遊びをする。(5分)

上記の素案の「ねらい」からは,保育者は,子どもたちに自分の体を十分に動かすことを楽しいと感じ,進んで運動しようとする気持ちになってほしいということをねらっているということがわかります。

素案は,この「ねらい」が軸であることを常に頭に置いて,活動の大まかな流れを作っていくことが大切です。

子どもたちが自分の体を十分に動かせる遊び,また進んで運動しようとする気持ちになれるような遊びが,素案の導入からまとめに至るまで貫かれていなければなりません。

2．導入を考える

　導入とは，保育指導案のはじめの部分で，遊び（保育内容）すなわち主となる活動に入っていくためのステップとなるものです。そして，あなたが立てた「ねらい」を子どもたちに示していく最初の大切な場面でもあります。

⑴「ねらい」に合った内容を選ぶ

　素案例を見ると，導入では手遊び「フルーツパフェ」をすることになっています。手遊びは，体の一部である手はもちろんのこと，頭も目も耳も声も使うので，体を動かす遊びのスタートである導入にとても適した遊びです。

　子どもたちが体を十分に動かすことの楽しさを味わってほしい，進んで運動しようとする気持ちになってほしいという「ねらい」は，まず「手遊び」という軽い運動という形で，導入の中に生かされているのです。

　逆に，運動遊びの前に静かに長い絵本を見る・聴くような導入を入れてしまうと，子どもたちの動きたい気持ちを抑え込んでしまうことにもなってしまいます。

⑵「主となる活動」をイメージできるように

　主となる活動である「フルーツバスケット」のフルーツをイメージさせる「フルーツパフェ」を題材にした手遊びなので，次の活動に期待が持てるようにするという導入の役割もきちんと果たしています。導入の手遊びによって，子どもたちの体がほぐれ，おいしそうなフルーツを心の中でイメージできたところで，今日のメインの遊びである「フルーツバスケット」が始まるわけです。

⑶ 短時間で子どもを引きつける演出を考える

　素案例の導入の所要時間は，10分です。手や頭を働かせて，子どもがすぐに覚えられる簡単な手遊び「フルーツパフェ」をする計画になっています。ここで，一度では覚えられないような難しい手遊びを導入にしてしまうと，子どもの集中力や関心が途切れ，「主となる活動」に入っていけなくなります。

　子どもの目と耳が保育者の方を確実に向いてくれるように，計画の段階からメリハリを

つけた導入になるよう意識しましょう。時には視覚に訴える方法もよいですね。

さらに，導入によって，心と体がほぐれた時点で，間を置かずに主となる活動へつなげていくようにしたいものです。子どもを惹きつけるには，タイミングがとても大事です。

次の表1は，それぞれ運動遊び，造形遊び，音楽・リズム遊びの導入としてどのようなものが適しているか示したものです。主となる活動の内容によって，導入で用いるものは変わってきます。

表1：主となる活動の内容によって変わる導入

導入	運動遊び	造形遊び	音楽・リズム遊び
絵本・紙芝居	× じっくりと絵本や紙芝居を見てから，「さあ運動しよう！」というのは無理がある。特に長い絵本や紙芝居は，適していない。	△ これから作ろうとしている作品のイメージを膨らませる意味では使えるが，絵本や紙芝居に加えて，主となる造形遊びの説明を行うと時間がかかりすぎて，子どもの集中力が途切れる可能性がある。	○ これから行う音楽やリズム遊びにちなんだ内容の絵本や紙芝居であれば，イメージを膨らませることに効果的である。ただし，長すぎる絵本や紙芝居は，導入としては不適切になることがある。
手遊び・歌	いずれの活動においても◎ ・これから行う運動遊びや造形遊び，音楽・リズム遊びにちなんだ手遊びや歌が適している。 ・ルールや作り方・遊び方を説明する前段階として，まず子どもの注目を引くためだけなら，必ずしも主となる活動にちなんだ手遊びや歌でなくてもよい。 たとえば，最後に「手はおひざ」で終わるような手遊び（例「はじまるよ」，「ひげじいさん」，「こんこんきつね」など）が適している。		
素話・簡単なペープサート・簡単な人形劇 （パペットや指人形）	いずれの活動においても◎ ・まだ子どもがざわついている時に，注目を引くためにも使える。注目を引いたら，続いてこれから行う遊びの説明に入っていける。 ・これから行う遊びの世界へ向けて，イメージを膨らませることに適している。 ・運動遊びが主となる活動である場合，導入の一環としてルールの説明に使える。 ・造形遊びが主となる活動である場合，これから作る作品を見せて，子どもに「作りたい」という気持ちを持つきっかけをもたらす。		
簡単なリズム運動	○ 運動をするために全身をリズミカルに動かすことで心も体もほぐれて，運動したい気持ちが高まっていく。ただし，子どもでも簡単にできそうな振付で行う。	× これからじっくりと造形遊びをしようとするときに，導入で全身を動かしてしまう遊びはあまり効果的ではない。	△ 主となる遊びが，リズム遊びである場合は，簡単なリズム運動を導入に使うことは効果的。ただし，歌や楽器遊びなどが主となる遊びである場合は，あまり適さない。

◎とても適している　○適している　△あまり適さない　×適さない

3．まとめを考える

　「まとめ」とは，主となる活動や遊びを締めくくり，次の活動へ無理なくつなげる活動のことです。

　素案例では，導入での手遊びから始まり，主となる活動であるフルーツバスケットで体を動かす楽しさや進んで運動しようとする意欲がクライマックスになった後に，隣の子どもの肩をたたいたり，モミモミする触れ合いの時間が「まとめ」の時間になっています。

⑴「ねらい」を忘れずに

　素案例ではフルーツバスケットで，全身を楽しく思いっきり動かした後に，友だち同士で体を触れ合うゆったりとした遊び，「楽しかったな」「またこんな遊びがやりたいな」という気持ちを子どもたちが味わう時間になることをねらっています。「まとめ」にも，体を動かす楽しさを味わうことや進んで運動しようとする意欲を持つという「ねらい」の意図がきちんと組み込まれているのです。

　このように，「まとめ」を考える際も「ねらい」を忘れずに，どのようなまとめ方にするかを考えましょう。

⑵「主となる活動」での楽しさを共有する

　素案例の「まとめ」以外に，例えばフルーツバスケットをしてみてどう感じたか，子どもが感じたことを言葉にすることが「まとめ」になってもよいですね。自分の感じたことや思ったことを少しずつ言葉にしていくことも，この時期の子どもにとって大事なことです。

　導入から主となる活動を遊んでみて，どんなふうに感じたのか，子どもたちの気持ちを引き出す話をして，楽しかった気持ち，面白かった気持ちを子どもと共有することも「まとめ」になります。

⑶ 子どもの頑張りを認め，受け止める

　汗をかくほど一生懸命走ったこと，一番になれなくても最後まであきらめなかったこと，転んだりしてうまくできなくても泣かなかったことなど，子どものがんばった姿をきちんと見ていて，認めながら受け止める話をするというのも大切な「まとめ」です。

　そんな「まとめ」によって，例えば子どもたちは，「先生は自分を見ていてくれた」あ

るいは「ぼくの気持ちをわかってもらえた」という喜びを感じて,「またやってみよう！」と次の意欲を持てるのです。

　これ以外にも,例えば,「生活の中でイメージを豊かにし,様々な表現を楽しむ」という「ねらい」のある造形遊びが「主となる活動」であった場合,作った作品を見せ合うという「まとめ」もあります。自分が作ったものを人に見てもらって褒めてもらったり,披露するときの誇らしい気持ちを受け止めてもらうことで,「作品を作るって,楽しいことなんだなぁ～」という気持ちに結びつくでしょう。

(4) 一つの活動の「終わり」を知らせ,次の活動へつなげる

　「まとめ」は,一つの活動に「終わり」があることを子どもに意識させると同時に,次の時間の活動がスムーズに開始できるようにすることに役立ちます。

　例えば,作った作品を飾る,おうちへのお土産にするためにカバンに仕舞う,片づける,手を洗うという「まとめ」があります。これは,今やっている遊びが「終わり」で,次の活動に移る合図にもなります。

　あるいは保育者が「作ったものでまた明日も遊ぼう」と話して,次の遊びへつなげるといった「まとめ」もありますね。

4. 全体の時間配分を考えておこう

　「素案」を作る際には,「導入」・「主となる活動」・「まとめ」のそれぞれにかける時間配分を考えておきましょう。

　年齢によって,子どもの集中できる時間は異なります。表2に,年齢に応じて集中できる時間の目安を示しました。それぞれの年齢で,どれくらいの時間,集中できるのかを知っておくとよいでしょう。

　例えば,2歳児の設定保育で,40分の時間を与えられたとすると,子どもたちは15～20分程度しか集中できませんので,同じ活動を40分続けると無理が生じてしまいます。そんな時は,異なる活動を自然な形で組み合わせるなどすれば,無理なく進めることができます。その場合も,一連の活動があなたが立てた「ねらい」に沿ったものになっているか,一つ一つ考えながら組み合わせていきましょう。

　次の表2は,子どもの育ちに応じて設定保育の目安となる時間が異なることを示したものです。子どもに無理のない範囲で時間を設定していきましょう。素案が一通りできたら,再度全体の時間配分に無理がないかを確認します。

表2：育ちに応じた目安となる設定保育の時間

年齢	集中できる時間の目安		時間配分へのヒント
0～1歳前後	設定保育という形の集中はあまりできない		子どもの生活を大事にし，遊びのなかで，無理のない形で行う。
1歳	10分～15分		いくつかの遊びをつなげて一つの遊びとすることができる。
2歳	15分～20分		4～6月と1～2月では集中できる時間が異なるなど成長が著しい。
3歳	20分～30分		全体としてある程度落ち着いて集中できるようになるので，設定保育として遊びを行いやすくなる。
4歳	30分～40分		集中できる時間が徐々に長くなるので，いろいろな設定保育が可能となる。
5歳	40分～45分		集中できる時間も長くなり，小学校の45分授業を意識した設定保育が可能となる。

ベテラン先生のワンポイントアドバイス

実習で一日保育を任されたら，次のことに気をつけましょう。

① 担当クラスの一日の流れをチェック！

それぞれのクラスで園生活のリズムが出来上がっているので，いつもの流れと違ってしまうと，子ども達がとまどってしまいます。ですから担当のクラスの一日の流れ（何時ごろから昼食・午睡の準備をしているかということからトイレに行くタイミングまで）をしっかりと把握しましょう。

② 時間が余った時の準備をしておく！

主となる活動の準備はしっかりできると思いますが，ちょっと時間が余ってしまった時の手遊びや絵本を準備しておくと助かりますよ。午睡の前やおやつの後などにちょっと空白の時間ができてしまっても，うまく時間調節をすることができます。

③ 一日保育案を早めに仕上げ担任の先生に見ていただく！

早めに一日保育案を仕上げ，担任の先生の時間がある時に事前にアドバイスをいただきましょう。流れを知っておいていただくと，当日も要所要所で手を貸していただけると思います。一人で保育を進めるのが難しそうな場面があれば，前もってお願いしておくとよいでしょう。

第7章
保育指導案を作成しよう

フレッシュちゃんとベテラン先生のおしゃべりタイム

ベテラン先生

> フレッシュちゃん，何を書いているの？

フレッシュちゃん

> **保育指導案**です。それも書き直し3回目！

> 3回目？そのわりには落ち込んでいないわね。

> よい保育をするためですから！

> 実習の最終日に園長先生や主任の先生が設定保育を見てくださることになったんです。緊張するけど，がんばります！

> それで，担任の先生に相談にのっていただきながら，**保育指導案**を何度も書き直して，今書いているもので完成なんです。

> 私，**保育指導案**って何のために書くんだろうって思っていたけど，何度も書き直しているうちにいろいろなことがわかってきました。

> これを完成させたら，次は模擬保育です。がんばって練習します！

> フレッシュちゃん，実習で成長したのかしら。何だか頼もしくなったわね。

> 第7章では，**保育指導案**のどこに何を書くのかを示しています。今までに学んだことをフルに使って**保育指導案**を完成させましょう。これで完璧よ！！！

　いよいよ本章では，素案に肉付けして，保育指導案へ完成させる方法を学びましょう。まずは，指導案の様式に何をどのように書いていくのかを理解し，具体的に保育指導案には何を書けばよいのかを押さえていきます。

1．保育指導案とは何か

　保育指導案とは，簡単に言うならば，子どもの前に立って遊びを指導・援助する際のあなたの**シナリオ（台本）**です。優れたベテラン保育者が書くシナリオは，それを読んだだけで，保育の場が鮮明に浮かび上がり，「ねらい」が明確に伝わってくるものです。そんなベテラン保育者のような**保育指導案**が書けるようになるとよいですね。

　まず保育指導案では，「ねらい」を達成するための「主となる活動」を，子どもたちが充分に楽しく体験できるように，必要な人や物の環境を考え，わかりやすく書いていきます。

2．保育指導案の各部分にはこれを書こう

　具体的に一つひとつ，保育指導案のどこに何を書くのか押さえていきましょう。まずは，次頁表1に保育指導案の概要を示しました。これにもとづき，各部分にどんなことを書いていくのかを詳しく見ていきます。なお，保育指導案の形式は養成校（大学）や園によって少しずつ異なりますので，自分が使う様式に当てはめながら参考にしてみてください。

表1：保育指導案

実習生氏名：○○○○

平成　年　月　日　天気	歳児　組　男　人　女　人　計　人	
主となる活動：本時の中心となる活動を子どもの立場で書く。		
現在の子どもの姿：子どもたちは何ができるのか，何に興味を持っているのか，どんなことに敏感になっているのかなど，保育者から見た子ども達の様子を書く。子どもの姿をとらえずに，指導案を書くことはできない。	ねらい： ○保育所保育指針や幼稚園教育要領の領域の「ねらい」から，主となる活動に適したものをみつけ，文章を整えて記入する。 ○主となる活動に応じて，1つか2つ程度書く。	内容： ・「ねらい」を達成するために子どもが体験する具体的な活動を子どもの立場で書く。 ・内容は，活動に応じて2つか3つ程度書く。
時間	環境構成	予想される子どもの姿・活動	保育者の援助・配慮
活動の目安となる時間を書く。	・子どもの活動を取り巻く環境の配置図を書く。 ・活動に必要となる準備物（本や紙芝居，CDデッキ，製作活動であれば材料や道具など）の種類や必要数を書く。 ・子どもが自然に「ねらい」に沿った活動を経験できるような環境構成を考える。例えば，「ねらい」が「体を動かして伸び伸びと運動する楽しさを味わう」という場合であれば，少なくともそれに見合った広さがある場所の確保が必要となる。	○子どもがするであろう言動を子どもの立場で具体的に書く。詳しく書ければ書けるほど，子どもたちの活動がしっかりと予測されていることになる。反対に，この欄が十分に考えられていなければ，保育は行き詰まることになる。ただし，他者が見てわかるように文章は簡潔に書く。 ○保育者の「ねらい」に対して，子どもがどのような反応を返すと予想されるのかを意識し，子どもの言動を具体的に想定して書く。	・「ねらい」が無理なく子どもの活動へ結びつくように援助・配慮を保育者（実習生）の立場から書く。 ・子どもの言動を予想した上で，子どもたちの興味・関心に沿った援助ができるように書く。 ・全体が静かにならなかったり，活動にうまく参加できない子どもがいることも想定し，子どもを惹きつける援助ができるように書く。 ・「予想される子どもの活動」の欄に対する「保育者の援助」は，呼応するようにできるだけ項目をそろえて書く。 ・養護面から衛生・安全に配慮したり，子どもの気持ちを受け止める援助も忘れずに書く。

3．それぞれの内容をおさえていこう

(1) 主となる活動

　素案の中の「主となる活動」，すなわち「ねらい」に直結する活動を子どもの立場で書きましょう。可能であれば園の年間指導計画や月案，週案も参考にしたうえで，子どもたちの年齢や園の生活にふさわしい活動であるかをよく考えて設定しましょう。もちろん，指導担当の先生ともよく相談して決めてください。

★記入例★
例1　フルーツバスケットをする。
例2　新聞紙をちぎって遊ぶ。
例3　うずまきじゃんけんをする。

(2) 現在の子どもの姿

　指導するクラスの子どもたちをよく観察し，子どもたちは今何ができるのか，何に興味を持っているのか，どんなことに敏感になっているのか，といった子どもたちの様子を書きます。子どもの姿をよく見て，あなたが指導する遊び（保育内容）の「ねらい」や「内容」に反映させるとよいでしょう。

★記入例★
例1　自然と友達のそばに寄って，同じ遊びをするのを喜ぶ姿が見られる。ルールのある遊びを楽しむことが増え，自由遊びの際には，島鬼や形鬼など場所替え鬼ごっこを盛んに行っている。
例2　手指が少しずつ上手に使えるようになり，紙を破ったりちぎったりする動作や，紙を破る時の音を楽しむ様子が見られる。
例3　運動会での競争遊びが楽しかったようで，園庭を元気に駆け回る姿が見られる。また，じゃんけんでの勝ち負けが理解できるようになり，じゃんけんを取り入れた遊びが始まると嬉々として取り組んでいる。

(3) ねらい

　第4章までで見てきたように，保育所保育指針や幼稚園教育要領の領域の「ねらい」を参考にして作ったあなたの指導案の「ねらい」を子どもの立場から書きます。前日までの子どもの姿から，今後育ってほしいと思う方向性が適切かどうかを確認することも大切ですね。

★記入例★
例1　○「フルーツバスケット」を通じて，自分の体を十分に動かし，進んで運動しようとする。
例2　○新聞紙ちぎりを通じて伸び伸びと体を動かし，充実感を味わう。
　　　○新聞ボール遊びを通じて，自分の体を十分に動かし，進んで運動しようとする。
例3　○じゃんけん遊びを通じて，自分の体を十分に動かす楽しさを味わう。
　　　○ルールを守って遊ぶことを楽しむ。

★★記入上の注意★★

■ 保育園や幼稚園では，各年齢に応じて1年間の保育の計画（年間指導計画），1ヶ月の指導計画（月案），1週間の指導計画（週案）が組まれています。そして，それぞれ期間を区切った中での保育の「ねらい」や「内容」・「環境」・「配慮事項」が考えられています。

その中で，実習生が特に留意するべきなのは，週案です。週案には，月曜〜土曜までの毎日の「ねらい」・「内容」が記されています。指導保育者の指導をいただきながら，一日のなかのさらに一部である部分実習保育の「ねらい」・「内容」が，月案や週案からそれないようにしましょう。

■ 文末には必ず「。」を打ちましょう。

(4) 内容

内容の欄には，「ねらい」を達成するために，子どもが体験する具体的な遊びや活動を子どもの立場から書きます。目の前のクラスの子どもたちにふさわしい遊び（保育内容）を子どもの立場から書きます。

★記入例★

例1 ・手遊び「フルーツパフェ」をする。
　　 ・フルーツバスケットをする。

例2 ・新聞紙ビリビリ遊びをする。
　　 ・破った新聞紙を入れたナイロン袋で風船遊びをする。

例3 ・手遊び「かにさんとかにさんがじゃんけんしたら」をする。
　　 ・うずまきじゃんけんをする。

★★記入上の注意★★

■ 指導保育者の指導をいただきながら，一日のなかのさらに一部である部分実習保育の「ねらい」・「内容」が，月案や週案からかけ離れた内容にならないようにしましょう。

■ 文末には必ず「。」を打ちましょう。

(5) 環境構成

子どもの活動を取り巻く環境の配置図や準備する物品の種類や個数を書きます。「ねらい」に沿った主となる活動を，子どもたちが十分に経験できるように，場所や準備物，ものや人の配置を考えて書きましょう。

★記入例：右図参照★

「ねらい」に向けて考えられた遊び（保育内容）を子どもが経験できるようにして整えられた場・準備物や保育者が「環境」である。

- 場所（保育室or遊戯室or園庭or……）：「ねらい」と合致する広さがあるか？
- 机・椅子やピアノなど，大きな準備物の配置
- 小さな遊具や製作等に必要となる小さな準備物の種類・個数や配置
- 子どもの位置（人数もきっちり書くとよりわかりやすい）
- 保育者（実習生）の位置
- 「ねらい」に向かって子どもの活動がスムーズに進むよう，小道具など，具体的に何を，どのような配置でセットし，どのタイミングで出すのかなど，細かく状況を想像して環境構成を書く。

例1：新聞紙を配りやすいように，1枚ずつ折りたたんで，人数分をセットしておく。

　目立たないですが，新聞紙の遊びをスムーズに進めるための大切な準備です。1日分の新聞紙の束から，1枚ずつベロンベロンと新聞紙をはがして配布する場合と，すでに1枚ずつ折りたたまれた新聞紙を配布する場合とでは，配布にかかる時間にかなり差が出てきます。時間がかかればかかるほど，子どもたちの集中力は落ちてしまいますね。

例2：広告や新聞紙で箱を折っておいて一人ずつ子どもに配る。

　例えば色紙をちぎって貼り絵にする遊びでは，ちぎった色紙がバラバラになってしまう可能性があります。最初から箱などを配っておいて，その子どもがちぎった色紙を入れることができるような入れ物を用意しておくと便利ですね。もちろん，子どもがもともと持っているお道具箱のふたなどを入れ物として利用するという方法もよいでしょう。

★★記入上の注意★★

- 導入→主となる活動→まとめという保育の流れに応じて環境構成が変わる場合も記載しましょう。
- 例：導入や説明の場面では子どもは3列に並ぶ→主となる活動では円になる→まとめではまた3列に並ぶなど

(6) 予想される子どもの姿・活動

「ねらい」に沿って，子どもが具体的にどんな活動をするのか，子どもの立場で書きます。子どもが経験していく活動を書くと同時に，活動の流れに応じて，子どもがどんな反応をするのかを具体的に想像して書きましょう。詳しく書くことができればできるほど，子どもたちの活動が予測されていることになります。反対に，この欄が十分に考えられていなければ，保育は行き詰まることになってしまいます。難しいことですが，簡潔に書くことにも注意を払いましょう。

★記入例★

○フルーツバスケットをする。
・保育者から配られたフルーツペンダントを首からかける。
・友だちとペンダントを見せ合う。
・自分のペンダントの果物を確認する。
・保育者に自分のペンダントの果物を呼ばれたら手を挙げる。
・真ん中に立った鬼に，「鬼さん鬼さん何ですか？」と鬼に聞いて，鬼が「○○」と一つ果物を答える掛け合いも楽しみながら，遊び方を理解する。
・掛け合いに慣れてきたら，自分の果物の名前が呼ばれたら立ちあがって違う椅子に座るルールを確認する。
・自分の果物が呼ばれたら，瞬時に立ちあがって椅子を探して場所を移動して走る楽しさを味わう。

★★記入上の注意★★

■ 大項目（○）と小項目（・）に分けて記入しましょう。
■ ○に該当する内容例：大きな活動
　記入例：○手遊び「フルーツパフェ」をする。
　　　　　○フルーツバスケットをする。
・に該当する内容例：大きな活動の中で行う具体的な活動
　記入例：・手遊び「フルーツパフェ」を見る。
　　　　　・フルーツバスケットの遊び方を聞く。
■ 子どもが主体の記述をしましょう。
　例：×ペンダントを首に掛けさせる。○ペンダントを首に掛ける。
■ 体言止め，名詞止めは用いないようにしましょう。
　例：×フルーツバスケット。○フルーツバスケットをする。
■ 子どもの活動は，できるだけ具体的に書きましょう。

- 不適切な表現に注意しましょう。子どもの立場に立ち，今その子どもが何を思ってその活動をするのかを考えながら書きます。
  例：×勝手に走り回る。→○自分の好きな場所へ走る。
- 文末には必ず「。」を打ちましょう。

(7) 保育者の援助・配慮（指導上の留意点）

　具体的な子どもの活動に対する援助・配慮を保育者の立場から書きます。子どもの活動を予測した上で，「ねらい」に応じた遊び（保育内容）を十分に子どもたちが経験できるように，子どもたちの興味・関心に沿った援助，子どもが安全に活動できるような配慮，子ども一人ひとりの気持ちや欲求を受け止める配慮とは何か考えて書きましょう。例えば，導入の場面では，子どもたちがなかなか静かにしてくれないことがあります。また，活動にうまく入ってくることができない子もいるでしょう。ルールの理解が早い子もいれば，なかなか理解できない子もいるはずです。このような具体的な子どもの姿をできる限り予想した上で，子どもたちが楽しく活動に参加し，「ねらい」に近づいていくような援助を考えましょう。

★記入例★

- 「先生からみんなにプレゼントだよ」と言葉をかけながら，子ども一人ひとりにペンダントを掛けていく。
- 「できたら次はこのペンダントを使って遊ぶよ。椅子に座って待っててね」と声をかけ，期待が持てるようにする。
- 子どもたちが自分の果物や「椅子から椅子へ走って移動する」という遊びの楽しさを理解できるよう，実際に走って見せながら説明する。
- 遊び方に慣れるまでは，全員座れるように椅子を置き，確実に該当する子どもが場所替えできているか確認しながら遊べるようにする。
- 慣れてきたら，椅子を減らして，競争して椅子を取る遊び方にする。
- さらに慣れてきたら，鬼を子どもが交替で行うようにする。
- 言葉の掛け合いも楽しめるように，「じゃあ鬼さんに次の果物聞いてみようか」と適切な間合いで声をかける。

援助に込められた意図

「ねらい」に沿って行う保育の中で，子どもたちが必要を感じる時に，必要な援助をすることが「保育者の援助」です。以下に見るように，援助にはいろいろな意図が込められています。

- 子どもが安心して自分を出すことができるように，子どもを受け入れ見守るための援助
  例：「～を見守る」，「～を受け止める」
- 子どもとのコミュニケーションを図り，信頼関係を築くための援助
  例：「子どもと一緒に～する」
- 子どもと心を通わせ，気持ちを共有する援助
  例：「楽しかったね」と言いながら共感する。
- 子どもに「これでいいのだ」という自信を持たせ，子どもの言動を認める援助
  例：「～ちゃん，登れたね，がんばったね」と褒める。
- 危険な遊び方などを子どもに問いかけることで，子ども自身に気づかせる援助
  例：「ここに登ってもよかったかな？」と問いかける。
- 「ねらい」に向かって子どもの遊びや活動がタイミングよく，スムーズに進むよう行う援助
  例：子どもたちがペンダントに夢中になっている間に，フラフープを出しておく。

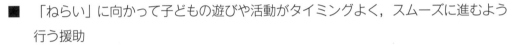

★★記入上の注意★★

- 「予想される子どもの姿・活動」と「保育者の援助・配慮」は呼応させ，できるだけ項目をそろえて書きましょう。
- 「手遊び」やお話などをいきなり読み始めるのではなく，子どもを集めるところから記入を始めましょう。
- 例えば導入の「手遊び」であっても，以下の3パターンが考えられます。以下を参考にして，導入・主となる活動・まとめまで，具体的にイメージして記入しましょう。

  ①子どもがやるのが初めてであることが予想される手遊びの場合
  まずは保育者がやって見せる→子どもと一緒に手や言葉を確認しながらやる→慣れたら少しスピードをあげる

  ②すでに子どもは知っていそうな手遊びの場合
  「こんな手遊び知ってる？じゃあ今日は先生と一緒にやってみようか」と，いきなり子どもと一緒に始める。

  ③すでに子どもが知っている手遊びの歌詞を変えてアレンジしたものをやる場合
  まず知っている歌詞でやる→「今日はちょっと違う言葉に変えてみたの。見ていて

ね」とやって見せる→言葉と動きを確認しながら一緒にやる。
- 例えば，絵本やお話を「導入」として読む場合であっても，いきなり読み始めてもうまくいかないことがあります。いわば「導入の導入」として，何か子どもに注目してもらう工夫が必要です。具体物を見せて注目してもらうのか，歌や音楽を用いて注目してもらうのか，魅力的な言葉がけをすることによって注目してもらうのか，そこから考えましょう。
- 子どもが自ら動くことができるように進めていくことが大事ですので，強制的な表現「〜させる」は使わないようにしましょう。

    例1：×子どもに意見を出させる。→○子ども達の意見も取り入れるようにする。

    例2：×床に落ちたごみを片付けさせる。→○床に落ちたごみに気付けるよう言葉がけをする。

- 子どもに対して恩着せがましい表現「〜してあげる」「〜させてあげる」は使わないようにしましょう。

    例：×上手に場所が移動出来たら褒めてあげる。→○上手に場所が移動出来たことを褒める。

- 「援助をする」，「言葉がけをする」などのような表現だけではなく，できるだけ具体的に書くようにしましょう。

    例1：△片付けるように言葉がけをする。
        ↓
        ○床に落ちたごみにも気付けるように言葉がけをしていく。

    例2：△安全に遊べるよう，声かけをする。
        ↓
        ○「お友だちとぶつからないように，まわりを見て走ろうね」と声をかけながら，安全に遊べるように援助する。

- 言葉のかけ方や保育者の表情・仕草・子どもへの目配り，子ども同士でトラブルが起こった際の対処方法，子どもたちが騒がしくて活動が始められない場合の惹きつけ方，やりたがらない子や泣いている子・片付けをしない子など，多様な個々の子どもへの対応を想定しながら記入しましょう。
- 次の活動へ移る際の動き方や準備・片付けなども記します。
- 文末には必ず「。」を打ちましょう。

(8) 時間

「予想される子どもの姿・活動」欄における大丸項目(○)に，活動の行われる時間を書

きます。

　あなたが実際に設定保育を行う時，大体どれくらいの時間で活動の区切りをつければよいのかを示していきます。ここでは，保育の流れをイメージするために自分自身で模擬保育を行い，およそどれくらいの時間が必要なのかを考えましょう。自分の書いた日誌からも，担当保育者の日々の保育の流れ，及びそれにかかる時間が想起できるはずです。

4．記述の仕方に気をつけよう

- 黒いペンで書きましょう（園の方針に従うこと）。指導案は公的な書類と同じなので，最近目にすることが多くなった「消せるペン」ではなく，「消えないペン」で書きましょう。
- できるだけ丁寧な文字（読みやすい文字）で記入しましょう。
- 見やすく簡潔に書きましょう。指導案は自分自身の指導計画であることは当然ですが，他者に保育を観察してもらう際にも，その計画がどのように進められているのかを知ってもらう重要な資料となります。このため，大項目と小項目で書き始める行をずらしたり，字の大きさを多少変えるなどして，一目で分かるように見やすく書くとよいです。
- 書き言葉で書きましょう。
  例：×ちゃんと→○しっかりと
- 文章には正しく，句読点を打ちましょう。特に文末には必ず「。」を打つことを忘れないようにしましょう。
- 余計な「お」をつけないようにしましょう。
  例：×お片付けをする→○片付けをする，×おトイレ→○トイレ
- 不適切なカタカナ表記はしないようにしましょう。
  例：キレイ，キモチ，マジメ，バイキン，オモチャなど
- できるだけ漢字を使用しましょう。（辞書で確認して正しい漢字を使用すること。）
  例：すなば（砂場），うながす（促す），あらう（洗う），話しを聞く（話を聞く），くばる（配る），絵を書く（絵を描く），ならぶ（並ぶ），とどく（届く）など
- 誤字・脱字をしないように気をつけましょう。
  例：×子どもたちを向かえる→○子どもたちを迎える
- 指導担当者に見ていただいた後，大幅な修正が必要となる場合もあるので，余裕を持って2〜3日前に提出した方がよいでしょう。もちろん，指導担当者から指示があればそれに従います。加えて，指導案に書いた準備

物等を用意する時間も必要ですので、十分に余裕を持ってのぞまなくてはいけませんね。

以上のような手順に従って、素案例に挙げた4歳児の「フルーツバスケット」指導案を作成すると、以下のようになります。

4歳児「フルーツバスケット」指導案例

6月20日　天気：雨	4歳児　ゆり組　男10人　女10人　計20人	
主となる活動	フルーツバスケットをする。	
現在の子どもの姿：雨の日が続き、体を動かす機会が少なくなりがちであるが、友だちと一緒に好きな遊びを楽しむ姿が見られる。	ねらい： ○フルーツバスケットを通じて、自分の体を十分に動かし、進んで運動しようとする。	内容： ・手遊び「フルーツパフェ」をする。 ・フルーツバスケットをして遊ぶ。

	時間	環境構成	予想される子どもの姿・活動	保育者の援助・配慮
導入	10:00	<保育室> ・椅子を円に並べる。 ・完成したフルーツペンダントを保育者のエプロンに入れておく。 ・フルーツペンダント(20)　バナナ5，リンゴ5，メロン5，みかん5	○手遊び「フルーツパフェ」をする。 ・保育者の前に座る。 ・「いちごが好き」など、言葉に出す。 ・保育者が手遊び「フルーツパフェ」をするのを見る。 ・ゆっくりと、保育者の真似をしながら手遊びをする。 ・フルーツペンダントに興味を持ち、「欲しい」と言葉を発して、これから何が始まるのか期待する。	・円の真ん中に立ち、保育者の前に集まるよう声をかける。 ・全員が座ったら好きなフルーツを尋ねて興味が持てるようにする。 ・元気よく、はっきりとした声と身振りで手遊び「フルーツパフェ」をする。 ・ゆっくりのテンポで子どもと一緒に手遊びをする。 ・エプロンのポケットからフルーツペンダントを出し、首にかけてみせて、これから行う遊びに期待が膨らむようにする。
展開：主となる活動	10:10		○フルーツバスケットをする。 ・保育者からペンダントを1つずつ首に掛けてもらう。 ・友だちともらったペンダントを見せ合いながら、これから何が始まるのかわくわくする。 ・自分の果物が呼ばれたらペンダントを確認して、「はーい」と手を挙げて返事をする。 ・保育者の見本を見ながら、自分のペンダントの果物を確認し、自分の果物の名前が呼ばれたら立ちあがって違う椅子に座るルールを確認する。	・子ども一人ひとりの首にペンダントを掛けていく。 ・ペンダントをもらったら椅子に座って待つよう声をかけ、次の活動に期待が持てるようにする。 ・全員が椅子に座ったら、子どもが自分に割り当てられた果物を正しく認識できているか確認する。 ・保育者が言う果物のペンダントを付けている子どもは、立って自分の椅子から他の友達の椅子へ引越しするという遊び方を理解できるよう、やってみせて説明する。

第7章　保育指導案を作成しよう

			・自分の果物が呼ばれたら，立ちあがって他の友達の椅子へ場所を移動する。 ・徐々に慣れてきて，走って移動する。 ・遅いと椅子が無くなることがわかり，急いで走る。 ・鬼になると，果物を考えて言うということを知る。 ・鬼に，「鬼さん鬼さん何ですか？」と聞いて，鬼が「○○」と答える掛け合いも楽しむ。 ・フルーツバスケットの遊びが終わることを知る。	・遊び方に慣れるまでは，全員座れるように椅子を置き，ゆっくりと確実に該当する子どもが場所替えできているか確認しながら，遊ぶ。 ・椅子の引っ越しの遊び方に慣れてきたら，「急いで急いで」と声をかけて，走って移動するように促す。 ・さらに慣れてきたら，椅子を減らして椅子取り遊びにする。 ・保育者と一緒に，子どもが交替で鬼をするルールを話す。 ・言葉の掛け合いも楽しめるように，「鬼さんに次の果物聞いてみようか」と適切に声をかける。 ・同じ子どもが鬼になったら，「今度こそ座ろうね，先生も一緒に探すよ」と言葉をかけ，次は座れるよう援助する。 ・「次の鬼さんで最後ね」と遊びの終わりを予告する。
まとめ	10：25		○隣同士で肩たたきをする。 ・最後に鬼になった子どもも椅子に座る。 ・「どきどきした」，「楽しかった」などフルーツバスケットの感想を言葉にする。 ・時計まわりの方向の友達の肩をたたく。 ・友だちの肩を揉んだり，揉んでもらったりすることでリラックスし，和やかな雰囲気になる。 ・椅子を片付けて，手を洗う。	・円に鬼用の椅子を一つ戻し，鬼役の子どもに座るように言う。 ・「フルーツバスケットでは沢山走ったね」，「一度も鬼にならなかった人」などと尋ね，フルーツバスケットの感想を子どもと共有する。 ・最後に肩たたきでリラックスしようと話し，やってみせる。 ・肩を揉み，子ども達同士でスキンシップできるようにする。 ・子ども達がリラックスできたら，椅子を片付けて手を洗うように伝え，次の活動へ入るようにする。

第 8 章
運動遊びの保育指導案実例

※本書では，すべての指導案に，【健康 2】あるいは【人間関係 2】のように，保育所保育指針・幼稚園教育要領にある領域とねらいの番号（内容の番号ではなく，ねらいの番号）を青色で記載しています。本書は，保育指導案を書く際に，保育のねらいをしっかり立てることを大事なコンセプトにしています。ですから，すべての保育指導案についてそのねらいが，保育所保育指針・幼稚園教育要領のどこに記されているのかがわかるように，敢えて記載しています。
　みなさんは，イラストも含めて青で記されている個所は，実際の保育指導案には書かないようにしてください。

第8章では

　運動遊びとして，椅子取りゲーム，鬼ごっこ，かけっこ・競走を基本に，年齢に応じた保育指導案を紹介します。

1．椅子取りゲーム

① この遊びの楽しさ

　音楽が止まったら，人数より一つ少なく置かれている椅子に座ろうと競争する椅子取りゲームやフルーツバスケット。これまでに遊んだことがないという人はいないと思います。知らない人が集まる場所で，仲良くなるためにとても活躍してくれる遊びですね。

　空いている椅子を探して素早く体を動かすと，知らず知らずのうちに汗をかくほど運動します。それほど話したことがない人とでも，「どきどきするね」など，隣り合うと会話がはずんでくるものです。

　椅子取りゲームは，幼稚園や保育園でも3歳くらいから楽しめるようになる遊びです。ただ，3歳児での遊び方，4歳児での遊び方，5歳児での遊び方は少しずつ異なっています。それぞれの年齢の育ちを念頭に入れながら，子どもたちが室内で楽しく体を動かして遊べるようにしましょう。

② 年齢に応じたポイント

年齢	椅子取りゲームの「楽しさ」のポイント
2歳児	・決まった場所にみんなでいることが楽しい。
3歳児	・ペンダントをもらって，首に掛けることが楽しい。 ・音楽が止まったら椅子に座り，音楽が流れたら動くことが楽しい。 ・自分に割り当てられた果物が呼ばれて，他の友達の椅子と交代することが楽しい。 ・果物は多すぎるとわからなくなるが，2つ〜3つ程度なら楽しい。
4歳児	・自分に割り当てられた果物が呼ばれて，椅子がなくならないように急いで移動することが楽しい。 ・自分が鬼になって，果物を言うことも楽しい。
5歳児	・フルーツバスケットの遊び方がわかり，鬼にならないように，競争して椅子を取るスリルが楽しい。 ・首に掛けるフルーツのペンダントを作るなど，フルーツバスケットの準備も楽しい。 ・鬼になると，次は自分が座れるようにと考えながら果物の名を言うことが楽しい。

ベテラン先生のワンポイントアドバイス

　椅子取りゲームをうまく成功させるには，いくつか大事なポイントがあります。

① **安全に遊ぶ約束をしよう。**

　室内ゲームを始める前に，みんなで，安全に遊ぶための約束をしましょう。たとえば，全力で走って友達にぶつかってしまうと楽しい遊びが台無しです。椅子取りゲームなどで，椅子をめざして子どもたちが急ぐ遊びでも，十分な広さが確保できない場合では，「歩いて移動する」「しゃがんであひるさん歩き」「はいはいする」や「お尻歩きする」など，移動方法を「走る」以外の動き方に変えて，スピードが出すぎないように工夫できますね。保育者も子どもたちがはしゃぎすぎて興奮しすぎないよう，遊びの途中でも声をかけることが大切です。

② **年齢に合ったルールにしよう。**

　例えば椅子取りゲームなどで椅子の数を減らしてしまうと３歳児くらいの小さな年齢の子どもたちはなぜ遊びに参加できないかわからず，悲しい思いをしてしまいます。また，４歳児であっても，椅子取りゲームをしたことがない場合もあります。このようにルールがよくわからない年齢やクラスの場合，椅子は人数分用意しておいて，椅子の移動だけを楽しむような形で椅子取りゲームを楽しむとよいでしょう。また，じゃんけんで勝敗を決めるのも小さな年齢であれば，よくわからないこともあるので気をつけましょう。

③ **音楽をうまく使おう。**

　遊びの内容にもよりますが，音楽をうまく利用しましょう。音楽に合わせて体操するといった直接的な使い方から，BGMをかけながら遊ぶという間接的な使い方まで色々ありますが，楽しい曲がかかると子ども達は大喜びです。スタンダード曲も流行の曲もチェックしておくといろいろな場面で役に立ちますよ。ゆっくり動きたい時はゆっくりした曲，テンポよく動きたい時は軽やかな曲など，子どもの動きを調節する時にも音楽をうまく使いましょう。

2歳児　保育指導案(1)

10月3日金曜日　天気　雨	2歳児　うさぎ組　　男10人　女10人　計20人	
主となる活動：おうちに入ろう遊びをする。		
現在の子どもの姿：全身の運動能力の発達が目覚ましく，歩いて散歩に行くのを楽しみにしている。また，簡単なうたを歌ったり，リズムに乗って体を動かしたり，動物のまねをする遊びを喜んでする姿が見られる。	ねらい： ○音楽に合わせて体を動かすことを楽しむ。【健康 2】 ○おうちに入ったり出たりすることを通して，イメージを豊かにし，移動の楽しみを味わう。【表現 3】 注：青色の部分は，決して実際の保育指導案には書かないようにして下さい。すべての指導案について同様です。	内容： ・エプロンシアター「もぐらさんのおさんぽ」を見る。 ・おうちに入ろう遊びをする。

時間	環境構成	予想される子どもの姿・活動	保育者の援助や配慮
10：00	<保育室> ・CDデッキ ・CD「さんぽ」 ・フープを10個ほど用意し，フロアに置いておく。	○エプロンシアター「もぐらさんのおさんぽ」を見る。 ・保育者のところに集まる。 ・もぐらが，お散歩をしていて，雨が降ってくると穴の中のおうちに入るお話を見る。	・保育者の周りに集まるよう声をかける。 ・全員にエプロンシアターが見えやすい場所に立つ。 ・エプロンシアター「もぐらさんのおさんぽ」をする。
10：05		○フープにどぼん遊びをする。 ・CDの音楽「さんぽ」を聞く。 ・「さんぽ」の音楽に乗って，保育者と一緒に歩く。 ・歩くのをやめて，フープの中に入る。 ・再び「さんぽ」の音楽が始まると，フープから出て歩き回る。 ・音楽が流れると歩き，音楽が止まるとフープに入る繰り返しを楽しむ。 ・慣れてきたら，音楽に合わせてハイハイする。 ・音楽が止まると，フープにハイハイして入る。	・CDの音楽「さんぽ」を流し，保育室を歩く。 ・「一緒に歩こう。いちにいちに」など言葉をかける。 ・子どもがある程度歩いたら，「さんぽ」の音楽を止め，「雨が降ってきたよ。もぐらさんみたいにおうちに入ろう」など言葉をかけ，近くのフープに入る。 ・入っていない子どもがいれば，「こっちあいてるよ」とフープに入るよう誘う。 ・全員がどこかのフープに入ったのを確認したら，「また散歩行くよ」と声をかけて音楽を流し，子どもと一緒に歩く。 ・何度か繰り返して慣れてきたら，「今度はハイハイでお散歩するよ。みんな赤ちゃんみたいにハイハイ」と言葉をかけて，ハイハイして見せる。
10：15		○楽しかったことを振り返る。 ・たくさん歩いたりハイハイしたり，フープに入ったりして体を動かした楽しさを振り返る。	・「今日はみんなでお散歩して，楽しかったね」などと言葉をかけて，遊びの楽しさを振り返ることができるようにする。

3歳児　保育指導案⑵

7月3日水曜日　天気　晴れ		3歳児　赤組　男10人　女10人　計20人	
主となる活動：果物のお引越し遊びをする。			
現在の子どもの姿：暑くなってきて，水遊びが中心になってきたが，雨の日は室内でリズム遊びなどを楽しむ姿が見られる。友達と同じ遊びをすることを喜ぶようになり，しっぽとりなど簡単な鬼ごっこに興味を持ち始めている。		ねらい： ○果物のお引越し遊びを通じて，全身を十分に動かす楽しさを味わう。【健康 2】 ○果物のお引越し遊びを通じて，友達と親しみ，関わりを深める。【人間関係 2】	内容： ・手遊び「フルーツパフェ」をする。 ・果物のお引越し遊びをする。

時間	環境構成	予想される子どもの姿・活動	保育者の援助や配慮
10：00	<保育室> ・椅子を円に並べる。 ・完成したフルーツペンダントを保育者のエプロンに入れておく。 ・フルーツペンダント（20）バナナ（6），イチゴ（7），メロン（7）	○手遊び「フルーツパフェ」をする。 ・保育者の前に集まって座る。 ・「フルーツって何？」「僕はいちごが好き」など，言葉に出す。 ・保育者が手遊び「フルーツパフェ」をするのを見る。 ・ゆっくりと，保育者の身振りを見て真似をしながら手遊びをする。	・円の真ん中に立ち，集まるよう声をかける。 ・全員が座ったことを確認して，「今日はフルーツがいっぱい出てくる遊びをこれからするよ」と話す。 ・元気よく，はっきりとした声と身振りで手遊び「フルーツパフェ」をする。 ・「今度はみんなも一緒にやってみよう」と言葉をかけ，ゆっくりのテンポで手遊びをする。
10：10		○果物のお引越し遊びをする。 ・フルーツペンダントに興味を持ち，「欲しい」と言葉を発して，これから何が始まるのか期待する。 ・フルーツペンダントをもらって，首に掛け，椅子に座る。 ・自分の首に掛けているペンダントに描かれている果物を確認し，自分の果物が呼ばれたら手を挙げる。 ・自分の果物が呼ばれたら，立って，同じ果物のペンダントを首から掛けている他の友達と椅子を交代して座る。 ・自分の果物が呼ばれたら，喜んで立ち，他の友達の椅子に急いで移動する。	・エプロンのポケットからフルーツペンダントを出して首に掛けてみせ，これから行う遊びに期待が膨らむようにする。 ・フルーツペンダントを子どもの首に掛ける。 ・全員が椅子に座ったことを確認して，子どもたちが自分の果物が何かを正しく認識できているか確認する。 ・自分の果物が呼ばれたら，立って自分の椅子から他の友達の椅子へお引越しするという遊び方を理解できるよう，やってみせて説明する。 ・遊び方に慣れてきたら，「急いでお引越しだよ」と声をかけて，走って移動するように促す。
10：25		○果物のお引越し遊びの感想を言葉にする。 ・「楽しかった」「またやりたい」と話す。	・お引越し遊びの楽しさを共有する。

4歳児　保育指導案(3)

8月31日火曜日　天気　晴れ	4歳児　ゆり組　男10人　女10人　計20人	
主となる活動：カレーライスバスケットをする。		
現在の子どもの姿：毎日暑く，食欲が落ちる時期であるが，カレーライスが好きな子どもが多く，給食の献立がカレーライスの日はおかわりする子どもが続出するほどである。	ねらい： ○カレーライスバスケットを通して，自分の体を十分に動かして運動する楽しさを味わう。【健康 2】 ○カレーライスバスケットを通して，友達同士で言葉のやり取りを楽しむ。【言葉 2】	内容： ・手遊び「カレーライス」をする。 ・カレーライスバスケットをする。

時間	環境構成	予想される子どもの姿・活動	保育者の援助や配慮
10:00	<保育室> ・椅子を円に並べる。 ・完成したカレーライスペンダントを保育者のエプロンに入れておく。 ・カレーライスペンダント(20)　じゃがいも(5)，にんじん(5)，たまねぎ(5)，肉(5)	○手遊び「カレーライス」をする。 ・椅子をビニールテープの上に置き，円に並べる。 ・保育者の前に座る。 ・「カレーライス好き」など，言葉に出す。 ・じゃがいも，にんじん，肉などの具を口々に答える。 ・保育者が手遊び「カレーライス」をするのを見る。 ・ゆっくりと，保育者の真似をしながら手遊びをする。 ・カレーライスペンダントに興味を持ち，「欲しい」と言葉を発して，これから何が始まるのか期待する。	・円の真ん中に立ち，椅子を円に並べるよう声をかける。 ・椅子を置いたら保育者の前に集まるよう声をかける。 ・全員が座ったことを確認して，カレーライスの具を尋ね，カレーライスに興味が持てるようにする。 ・元気よく，はっきりとした声と身振りで手遊び「カレーライス」をやってみせる。 ・ゆっくりのテンポで子どもと一緒に手遊びをする。 ・エプロンのポケットからカレーライスペンダントを出し，首にかけてみせて，これから行う遊びに期待が膨らむようにする。
10:10		○カレーライスバスケットをする。 ・保育者からペンダントを1つずつ首に掛けてもらう。 ・椅子に座り，自分のペンダントを見て，カレーライスの具を確認する。 ・自分の具が呼ばれたら手を挙げて返事をする。 ・保育者の見本を見る。 ・自分の具が呼ばれたら立ちあがって違う椅子に座るルールを確認する。 ・自分の具が呼ばれたら，立ちあがって他の友達の椅子へ場所を移動する。 ・徐々に慣れてきて，走って移動する。 ・移動するのが遅いと椅子が無くなることがわかり，急いで走る。 ・鬼になると，具を考えて言うことを知る。 ・鬼になると保育者と一緒に考えて，「鬼さん鬼さん何ですか？」と聞かれたら具を言うことを楽しむ。	・子ども一人ひとりの首にペンダントを掛けていく。 ・全員が椅子に座ったら，子どもが自分の具を認識できているか確認する。 ・保育者が言うカレーライスの具のペンダントを付けている子どもは，立って自分の椅子から他の友達の椅子へお引越しするという遊び方を理解できるよう，やってみせて説明する。 ・最初は全員座ることができるように椅子を置き，遊び方がわかっているか確認しながら遊ぶ。 ・椅子のお引っ越しの遊び方に慣れてきたら，「急いで急いでお引越しだよ」と声をかけて，素早く移動するように促す。 ・さらに慣れてきたら，椅子を減らして椅子取り遊びにする。 ・保育者と一緒に，子どもが交替で鬼をするルールを話す。 ・言葉の掛け合いも楽しめるように，「じゃあ鬼さんに次の具聞いてみようか」と適切に声をかける。

10:30	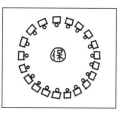	・鬼に,「鬼さん鬼さん何ですか?」と聞いて,鬼が「○○」と答える掛け合いを楽しむ。 ・カレーライスバスケットの遊びが終わることを知る。 ○隣同士で肩たたきをする。 ・最後に鬼になった子どもも椅子に座る。 ・「どきどきした」「楽しかった」などカレーライスバスケットの感想を言葉にする。 ・時計まわりの方向の友達の肩をたたく。 ・肩を揉んだり,こちょこちょして笑い合う。 ・椅子取りで走った心と体が鎮まり,和やかな雰囲気になる。 ・椅子を片付けて,手を洗う。	・同じ子どもが鬼になってしまうことが重なったときは,その子どもの様子に応じて「今度こそ座ろうね,先生も一緒に探すよ」と言葉をかけ,その子どもと一緒に椅子を探して次は座れるよう援助する。 ・「次の鬼さんで最後ね」と遊びの終わりを予告する。 ・カレーライスバスケットの円から除いてあった椅子を一つ戻し,鬼役の子どもにも座るように言う。 ・「カレーライスバスケットでは沢山走ったね」「一度も鬼にならなかった人」などと尋ね,カレーライスバスケットの感想を子どもたちと共有する。 ・最後に肩たたきでリラックスしようと話す。 ・肩を揉み,時にはこちょこちょも入れながら,子どもたち同士でスキンシップできるようにする。 ・子どもたちの様子を確認して,「ちょっとくすぐったかったけど面白かったね。では椅子を元に戻して手を洗いましょう」と声をかけ,次の活動に入るようにする。

****

フレッシュちゃんからベテラン先生へ質問タイム

 この前,「おちたおちた」をしようと思って,「円になって!」と声をかけたら,子どもたちが「え?」という表情をして,なかなか動いてくれなくて困ったことがありました。うまく円形に集める方法ってないんでしょうか?

 運動遊びの時には,子どもたちを円形で集めたい時があるわね。「円になって」と言われても,まずは「円」っていう言葉が難しいわ。とはいえ,「まる〜くなってね」って言い換えたとしても,子どもたちはなかなかスムーズに円になってくれないでしょうね。
　そんな時は,子ども同士でどんどん手をつないでいって,円になる方法があるわよ。できた円がちょっと小さいな,あるいはもう少し広がってほしいなという時は,円になった後で,「前に一歩」とか「後ろに二歩」など声をかけて,調節するの。

　子どもたちは,うたを歌いながら動くことも好きだから,「さんぽ」や「手をつなごうみんなで手をつなごう」のうたを歌いながらまるくなったりするのも楽しいわね。
　また,園庭などで,さっと円になってほしい時は,ジョーロで円形に水線を描いておいて,その線の上に子どもが立つことで円形に集めることができるわよ。でも,水で描いた線の上に子どもが座ると,お尻がどろどろになってしまうので,そこは気を付けてね!

****

5歳児　保育指導案(4)

5月15日木曜日　天気　晴れ	5歳児　みどり組　男15人　女15人　計30人	
主となる活動：フルーツバスケットをする。		
現在の子どもの姿：年長クラスになって約1ヶ月経ち，クラスの雰囲気も少しずつ落ち着きつつある。自由遊びの時間には，役割のある鬼ごっこやドッジボールなど，活発に体を動かして子ども同士で遊ぶ姿が見られる。	ねらい： ○フルーツペンダントを自分なりに工夫して作ることを楽しむ。【表現 2】 ○フルーツバスケットを通じて，自分の体を十分に動かし，進んで運動する楽しさを味わう。【健康 2】	内容： ・手遊び「フルーツパフェ」をする。 ・フルーツペンダントを作る。 ・フルーツバスケットをする。

時間	環境構成	予想される子どもの姿・活動	保育者の援助や配慮
10:00	<保育室> ・椅子を円に並べる。 ・クレヨンを出す。 ・完成したフルーツペンダントを保育者のエプロンに入れておく。 （図：椅子を円に並べ，中央に保育者）	○手遊び「フルーツパフェ」をする。 ・椅子を円に並べる。 ・クレヨンを自分の椅子に置いて保育者の前に座る。 ・リンゴやバナナ，イチゴ，メロン，スイカなど，口々に知っているフルーツを言葉にする。 ・保育者の手遊びを見る。 ・保育者の身振りを見て真似をしながら手遊びをする。 ・フルーツペンダントに興味を持ち，作りたい気持ちになる。 ・自分の椅子に戻る。 ・保育者からペンダントの台紙を1つずつ配ってもらう。	・円の真ん中に立ち，自分の椅子を円に並べるよう声をかける。 ・自分のクレヨンを椅子の上に置いて，保育者の前に集まるよう声をかける。 ・全員が座ったことを確認して，「みんなはどんなフルーツ知ってる？」と尋ね，フルーツに興味が持てるようにする。 ・元気よく，はっきりとした声と身振りで手遊び「フルーツパフェ」をする。 ・ゆっくりしたテンポで子どもと一緒に手遊びをする。 ・エプロンのポケットからフルーツペンダントを出してみせて，作りたい気持ちが持てるようにする。 ・自分の椅子に戻るよう声をかける。 ・子どもが椅子に戻ったことを確認したら台紙を配り，「○○ちゃんはイチゴね」などそれぞれの子どもがペンダントに描く果物を伝えていく。
10:15	・丸く切り抜いた画用紙に首から掛けられるリボンをつけた台紙を用意する（30個）。 （図：二重の円で座る子ども）	○フルーツペンダントを作る。 ・自分に割り当てられたフルーツの絵をクレヨンで描く。 ・早くできたらクレヨンを片付けて，近くの友達が描くのを見る。 ・ペンダントを首に掛けて椅子に座る。 ・自分の果物が呼ばれたら手を挙げて，どんな果物が描けたか保育者に見せる。	・「自分の好きな大きさで果物を描いていいよ」と言葉をかけ，それぞれの子どもが伸び伸びと描けるよう配慮する。 ・「できたら次はこのペンダントを使って遊ぶよ。椅子に座ってね」と声をかけ，期待が持てるようにする。 ・イチゴ（7人），メロン（7人），バナナ（8人），ミカン（8人）の4種類の果物のペンダントができたか確認する。
10:30	（図：円に並んだ椅子と鬼の子ども，「椅子を外に出す」）	○フルーツバスケットをする。 ・自分の果物の名前が呼ばれたら立ち上がって違う椅子に座るルールを確認する。 ・「フルーツバスケット」と鬼が言えば，全員椅子を移動するというルールを知る。 ・自分の果物が呼ばれたら，瞬時に立ち上がって椅子を探して素早く移動する楽しさを味わう。	・子どもたちが自分の果物や「椅子を移動する」という遊び方を理解できるよう，やってみせて説明する。 ・「フルーツバスケット」と鬼が言ったら，全員が椅子を移動するというルールを説明する。 ・遊び方に慣れるまでは，保育者が場所替えをする果物を言う鬼の役割をする。

時間		予想される子どもの活動	保育者の援助と配慮
10:45		・椅子がないと鬼になるルールを理解し，一人でも次の果物を言う。 ・もうすぐフルーツバスケットが終わることがわかる。 〇隣同士で肩たたきをする。 ・最後に鬼役だった子どもも椅子に座る。 ・時計回りの方向の友達の肩を叩く。 ・保育者の合図でこちょこちょをして笑い合う。 ・フルーツバスケットで興奮していた心と体が鎮まり，和やかな雰囲気になる。 ・椅子を片付ける。	・慣れてきたら椅子を減らして椅子取り遊びにし，鬼役も子どもが交代して行うようにする。 ・「次で最後にしようか」と言葉をかけて，遊びの終わりが近づいていることを伝える。 ・フルーツバスケットの円から除いてあった椅子を一つ戻し，鬼役の子どもにも座るように言う。 ・フルーツバスケットではたくさん走ってどきどきしたことを話し，最後に肩たたきでリラックスするよう「お隣さんの肩をたたきましょう」と言葉をかける。 ・肩をたたきながら，時々こちょこちょも入れ，子ども同士でスキンシップができるようにする。 ・子どもたちがクールダウンしたことを確認して，「椅子をもとに戻しましょう」と声をかけ，次の活動へ入れるようにする。

* * *

フレッシュちゃんからベテラン先生へ質問タイム

 4歳児クラスでフルーツバスケットをしたら，鬼になりたい子が多すぎて，困っちゃいました。どうしたらよかったのでしょうか？

「鬼になりたい」という気持ちは，まだゲームのルールや楽しみ方がよくわからない3歳くらいまでの年齢に多いです。4歳くらいになると，ルールを守って遊ぶことによって楽しさが増し，逆にルールを守らないと面白くないことを，ゲームの中で学んでいきます。

フレッシュ保育者がフルーツバスケットのような室内ゲームをする時のポイントは3つあります。

① 鬼は「負け」であるというルールを最初にきちんと説明します。ただ，「負け」を強調しすぎると鬼になって泣く子どもが出てくるので気を付けましょう。

② ゲームの最後に，一度も鬼にならなかった子に挙手させて，みんなで拍手して褒めましょう。これを何度か繰り返すと，遊び方やルールへの理解が深まります。

③ 3歳くらいまでは，勝ち負けは関係なく，椅子を移動するだけで楽しいので，「椅子取り」ではなく「椅子の移動」を楽しめるルールにしましょう。また，鬼になって真ん中で果物を言うことも楽しく感じるので，全員が順番に鬼になるチャンスを作って，真ん中で次の果物を言う発表の嬉しさを味わえるように工夫するとよいですね。

2．鬼ごっこ

① この遊びの楽しさ

　鬼ごっこは，昔から行われているもっともメジャーな遊びと言っても過言ではありません。子どもは，追いかけたり，追いかけられたりすることが大好き。大人でも，マラソンだと走れないのに，鬼ごっこになると，必死になって逃げたり追いかけたりして走ることができるものです。

　走ることができるようになれば，鬼ごっこは小さい子どもでもできますが，大人の鬼ごっこのイメージとは少し違います。2歳児や3歳児では，大人や小学生のように，つかまりたくなくて必死で逃げるということではなく，むしろ大好きな先生や友達と一緒に走れるのが嬉しいという楽しみ方がメインになります。4歳〜5歳児になって，ようやく大人がイメージする鬼ごっこに近い遊び方ができるようになります。

　幼児期の鬼ごっこは，その気になって楽しめるように，物語性を持たせたり，ごっこ遊びをちりばめるなど，年齢に応じた工夫をすることが大事です。

② 年齢に応じたポイント

年齢	鬼ごっこの「楽しさ」のポイント
2歳児	・大好きな保育者が自分を追いかけてくれることが楽しい。 ・つかまえてもらうことや，逆に鬼役の保育者を追いかけてつかまえに行ったりすることが楽しい。 ・鬼の役割は保育者が担当する。
3歳児	・鬼につかまることが楽しい。 ・自分も鬼になりたい。 ・しっぽ取りなどでは，しっぽを取られたくないという気持ちよりも，しっぽがお尻についていることが嬉しい。 ・鬼の役割は基本的には保育者が担当するが，子どももやりたがる。
4歳児	・単純なルールの鬼ごっこ（色鬼・高鬼・形鬼）が楽しい。 ・つかまったら，鬼の役割を交代するというルールがわかる。 ・追いかける鬼と逃げる子どもの区別が目で見てわかるような工夫があると楽しい。 ・安全地帯を作って休憩する場所があると楽しい。
5歳児	・2チームに分かれてチームで対戦するような鬼ごっこ（けいどろやしっぽ取り）が楽しい。 ・助け合ったり協力することができ，助け鬼や手つなぎ鬼も楽しい。 ・複数の要素が含まれる鬼ごっこが楽しい（しっぽ取り＋島鬼）。 ・子ども同士で鬼の役割を交代することができる。

2歳児　保育指導案(5)

2月5日火曜日　天気　晴れ	2歳児　うさぎ組　男8人　女7人　計15人	
主となる活動：まてまてクマさん鬼ごっこをする。		
現在の子どもの姿：保育者を追いかけたり，追いかけられたりして逃げるのが大好きである。つかまらないよう隠れようとしたり，つかまっても，喜んで保育者に抱きつく姿も見られる。	ねらい： ○まてまてクマさん鬼ごっこを通じて，保育者や友達と親しみ，関わりを深める。 【人間関係 2】 ○まてまてクマさん鬼ごっこを通じて，全身を動かして遊ぶ楽しさを味わう。 【健康 2】	内容： ・クマのペープサートを見る。 ・まてまてクマさん鬼ごっこをする。

時間	環境構成	予想される子どもの姿・活動	保育者の援助や配慮
10：00	<ホール> ・クマのペープサート ・クマの顔を描いたお面	○くまさんのペープサートを見る。 ・保育者の前に座る。 ・クマのペープサートを見る。 ・クマに興味を持つ。 ・「わあ，クマさんが来た」と声を出す。	・保育者の所に集まるよう声をかける。 ・クマのペープサートを見せる。 ・クマさんはお腹が空いているという話をする。 ・「今度は先生がクマさんになったよ」と言い，隠しておいたクマさんのお面を頭につける。
10：05		○まてまてクマさん鬼ごっこをする。 ・保育者がクマのお面を頭にかぶっているのを見て，指をさしたり，「クマさんだよ」と言葉を発する。 ・クマさんにつかまらないように，走る。 ・クマさんにつかまると，こちょこちょされる。 ・クマさんをつかまえようと，追いかける。	・「クマさんにつかまらないように，みんな逃げてね」と声をかけてから，「がおー」と子どもが怖がり過ぎない程度にクマになって子どもを追いかける。 ・どの子どもも均等に追いかける。 ・子どもをつかまえると，「むしゃむしゃ」と言いながらこちょこちょしたり，頭をなでたりする。 ・子どもに追いかけられたら，「うわー，逃げよう」と逃げたりする。
10：15		○まてまてクマさん鬼ごっこの楽しさを振り返る。 ・クマさんのお面を取った保育者の所に集まる。 ・「クマさん，走ってきたよ」「つかまったよ」「ぼくが追いかけたんだよ」など，楽しさを振り返る。	・「ああ，おなか一杯になった」と言って，クマさんのお面を取り，集まるように声をかける。 ・子どもたちの言葉を受け止めて，「またやろうね」と締めくくる。

3歳児　保育指導案(6)

10月14日水曜日　天気　晴れ	3歳児　ぞう組　男10人　女10人　計20人	
主となる活動：しっぽとり鬼ごっこをする。		
現在の子どもの姿：保育者や好きな友達を追いかけたり，追いかけられたりして遊ぶ姿が見られる。つかまっても，まだつかまっていない友達と一緒に，逃げたりもしているが，簡単な鬼ごっこのルールであれば理解して楽しむことができる。	ねらい： ○しっぽとり鬼ごっこを通じて，自分の体を十分に動かし，運動する楽しさを味わう。【健康 2】 ○動物のしっぽに親しむ中で，いろいろな動物に興味や関心を持つ。【環境 1】	内容： ・しっぽのクイズをする。 ・しっぽとり鬼ごっこをする。

時間	環境構成	予想される子どもの姿・活動	保育者の援助や配慮
10：00	＜ホール＞ ・色々な動物のしっぽを描いたクイズ用の絵を準備しておく（ねこ，ぶた，たぬき，うま）。 ・あらかじめ保育者が作っておいたしっぽ20本（スズランテープの赤・黄・白を三つ編みして作ったしっぽ）	○しっぽのクイズをする。 ・保育者の前に座る。 ・「ねこ」，「ぶた」など，口々に答える。 ・クイズに答えて色々な動物のしっぽに興味を持つ。 ・しっぽをもらって喜ぶ。 ・自分でズボンのゴムの所にしっぽをつける。 ・自分でつけられない場合は，保育者につけてもらう。	・保育者の所に集まるよう声をかける。 ・色々なしっぽの絵を見せて，「これはどんな動物のしっぽかな？」とクイズをする。 ・しっぽを配る。 ・配り終えたら，しっぽをつけてみせながら，自分のしっぽをつけるよう声をかける。
10：10	・オオカミのお面	○しっぽとり鬼ごっこをする。 ・遊び方とルールの説明を見る。 ・しっぽをとられたら入る「オオカミの家」の場所を確認する。 ・ホールを走って，逃げる。 ・しっぽが取られていないか，何度も確認しながら，逃げ回る。 ・しっぽを取られた子どもは保育者に連れられてオオカミの家に入る。	・オオカミのお面をつけ，これからオオカミが追いかけてしっぽを取りに行くので，取られないように逃げるという遊び方をやってみせる。 ・しっぽを取られたら，オオカミの家に入ってまだ逃げている友達を応援するよう話す。 ・「がお〜，しっぽはどこだ」と言いながら子どもを追いかける。 ・あまり早くしっぽを取ってしまわないよう，また子ども全体の安全に目を配りながら追いかける。 ・逃げることを十分に楽しめる様子を確認しながら，しっぽを取っていく。 ・しっぽを取ったら，「オオカミの家に行こう」と連れて行く。
10：25		○しっぽとり鬼ごっこの楽しさを振り返る。 ・保育者の所に集まる。 ・「オオカミ走るの早かった」「しっぽ取られた」など口々に言葉にする。	・オオカミの家の前に立ち，集まるように声をかける。 ・「みんな走るの早かったね。」と言葉をかけ，楽しく遊べたことを振り返る。

4歳児　保育指導案(7)

5月10日金曜日　天気　晴れ	4歳児　そら組　男10人　女10人　計20人	
主となる活動：形鬼ごっこをする。		
現在の子どもの姿：保育者や好きな友達と触れ合いながら，同じ場所や同じ物で遊ぶ姿が見られる。特に最近は追いかけたり，追いかけられたりする鬼ごっこの基本的なルールを理解して楽しんでいる。	ねらい： ○形鬼ごっこを通じて，全身を動かして運動する楽しさを味わう。【健康 2】 ○形鬼ごっこを通じて，色々な形に興味を持つ。【環境 3】	内容： ・色々な形クイズをする。 ・形鬼ごっこをする。

時間	環境構成	予想される子どもの姿・活動	保育者の援助や配慮
10:00	<園庭> ・色々な形のペープサート (図：□ ○ △ ♡ の形の島、保育者の位置) それぞれ20人入れる広さの形を水糸で描く。 (図：鬼役の子ども、逃げる子どもの配置)	○色々な形クイズをする。 ・保育者の前に座る。 ・色々な形のペープサートを見て，形のクイズに答える。	・保育者の所に集まるよう声をかける。 ・□，○，♡，△の形のペープサートを見せながら，「これは何ていう形かな」と問いかける。
10:10		○形鬼ごっこをする。 ・クイズで答えたような，色々な形の島に逃げる遊びをすることを知る。 ・遊び方を見る。 ・鬼にはみんなで声をそろえて「鬼さん，鬼さん，何ですか？」と声をかけ，それに答えて「○」など鬼が言う形の島へ向かって走るルールを確認する。 ・つかまったら，つかまえた子と鬼を交代するルールを確認する。 ・鬼との言葉の掛け合いを何回か繰り返しながら，ルールを確認する。 ・最初は，○の形の島からスタートする。 ・「鬼さん，鬼さん，何ですか？」と全員で鬼に尋ねる。 ・鬼の言う島に向かって走る。 ・一生懸命走って，鬼の言う島に逃げる。 ・鬼のパワーがアップしてきたことを感じて，一生懸命逃げる。 ・保育者につかまったら，保育者と一緒に鬼になる。 ・形鬼ごっこがもうすぐ終わることを知る。	・「これから，鬼に捕まらないように色々な形の島を移動する遊びをしよう」と言葉をかける。 ・遊び方やルールをやって見せながら説明する。 ・「せーのと言ったら，鬼さん，鬼さん，何ですか？とみんなで鬼に聞いてみて」などと言葉をかけ，鬼との言葉の掛け合いをしながら遊ぶことを伝える。 ・鬼にタッチされたら，鬼を交代することを話す。 ・鬼との言葉の掛け合いを何回か繰り返すよう促す。 ・最初は全員○の形の島に入るよう声をかける。 ・「鬼さん，鬼さん，何ですか？」という子どもからの言葉に応じて，島の形を答える。 ・子どもを追いかける。 ・遊び方に慣れるまでは，つかまえず，ルールを間違っている子がいればルールを確認する。 ・慣れてきたら，子ども同士がぶつかって転倒したりしないように全体に目を配りながら，子どもを追いかけてつかまえる。 ・つかまえた子どもと一緒に他の子どもを追いかける。 ・「今度が最後ね」と形鬼ごっこの終わりを伝える。
10:30	(図：□ ○ △ ♡ の形の島、保育者の位置)	○形鬼ごっこの楽しさを振り返る。 ・保育者の所に集まる。 ・「ぼく，1回もつかまらなかったよ」「つかまっちゃった」「もっとやりたい」など口々に言葉にする。	・「はい，ここまでで終わり」と大きな声で伝え，保育者の所に集まるよう声をかける。 ・「楽しかったかな。色々な形の島があったね。みんな間違えずにちゃんと鬼の言う島に逃げられていたね。なかなかつかまえられなかったよ。またやろうね」と楽しく遊べたことを振り返る。

5歳児　保育指導案(8)

2月14日火曜日　天気　晴れ	5歳児　すみれ組　男15人　女15人　計30人	
主となる活動：しっぽ島鬼ごっこをする。		
現在の子どもの姿：自由遊びの時間には，園庭で三角形や四角形，ハートなど色々な形の陣地を描いて，自分たちで形鬼や島鬼を楽しんでいる。走るスピードも速くなって，少し難しいルールのある鬼ごっこでも好んで行っている。	ねらい： ○しっぽ島鬼ごっこを通じて，全身を十分に動かし，運動する楽しさを味わう。【健康 2】 ○動物をイメージして自分なりに表現して楽しむ。【表現 2】	内容： ・しっぽのクイズをする。 ・しっぽ島鬼ごっこをする。

時間	環境構成	予想される子どもの姿・活動	保育者の援助や配慮
10：00	<ホール> ・色々な動物のシルエットを描いたクイズ用のペープサート（うさぎ，さる，ぞう） ・保育者がスズランテープを三つ編みして作ったしっぽ30本 ・猟師のお面	○動物シルエットクイズをする。 ・保育者の前に座る。 ・色々な動物の名前を答える。 ・動物の歩き方をやってみる。	・保育者の所に集まるよう声をかける。 ・うさぎ，さる，ぞうのシルエットが描かれたペープサートを順番に見せて，クイズをする。 ・動物の名前が出てくるたびに，その動物はどんなふうに歩くか尋ねる。
10：10		○「しっぽ島鬼ごっこ」をする。 ・しっぽをもらって，腰につける。 ・上手につけられているか，友達同士で確認する。 ・「しっぽ島鬼ごっこ」の遊び方を聞く。 ・しっぽを取られた子は，保育者と一緒に猟師になり，友達のしっぽを取ったら，猟師を交代するというルールを理解する。 ・保育者の言う動物の島に向かって，その動物のジェスチャーをしながら走る。 ・しっぽが取られていないか，何度も確認しながら，逃げ回る。 ・移動する島の動物のジェスチャーをしながら，一生懸命逃げる。 ・しっぽを取られた子どもは猟師になって，友達のしっぽを取ろうと追いかける。 ・猟師が次々にしっぽを取っていくのを見て，取られないように一生懸命逃げ回る。 ・友だちとぶつからないように自分でも気をつけながら，逃げる。	・「今日はみんなで動物さんになって遊ぶよ」と言葉をかけ，しっぽを配り，腰につけるよう促す。 ・遊び方を説明する。 ・しっぽを取られた子は，保育者と一緒に猟師になり，友達のしっぽを取ったら，猟師を交代するというルールをやってみせながら説明する。 ・あまり早くしっぽを取ってしまわないように，時間を見ながら追いかける。 ・動物のジェスチャーをしながら島に逃げるルールがわかってきたことが確認できたら，しっぽを取っていく。 ・間違っている子どもがいたら，「わしはうさぎと言ったぞ。うさぎではない子どもがいるぞ」など遊びの中で伝えていく。 ・なかなか友達のしっぽが取れない子どもには少し協力して一緒にしっぽが取れるようにする。 ・「最後はワシが全部しっぽをいただくぞ」と言って，子どものしっぽを次々に取っていく。 ・逃げるのに一生懸命の子どもたちがぶつかったりしないように，全体に目を配りながら追いかける。 ・数名の子どもが逃げ延びたところで「ストップ」と大声で伝え，しっぽ島鬼ごっこを終わりにする。

| 10：25 | 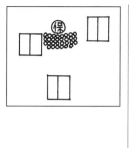 | ○しっぽ島鬼ごっこの楽しさを振り返る。
・保育者の所に集まる。
・最後までしっぽを取られなかった子どもはその場に立ち，みんなに拍手をしてもらう。
・「今度はしっぽ取られないよ」「またやりたいな」と言葉にする。

・運動遊びをした後は，汗を拭いたり水分を補給することが大切であることに気付く。 | ・保育者の所に集まるよう声をかける。
・最後までしっぽを取られなかった子どもに立つように声をかけ，みんなで拍手する。
・「しっぽを取られてしまった子も，走るの速かったよね。猟師さんは追いかけるのが大変だったよ」と，楽しく遊べたことを振り返る。
・「みんなたくさん汗をかいているし，喉も渇いていると思うので，これからお部屋に帰って汗を拭いて，お茶を飲もうね」と言葉をかけ，次の活動へつなげる。 |

✱✱✱✱✱✱✱✱✱✱✱✱✱✱✱✱✱✱✱✱✱✱✱✱✱✱✱✱✱✱✱✱✱✱✱✱

フレッシュちゃんからベテラン先生へ質問タイム

 かけっこや鬼ごっこなどの運動遊びでは，子どもたちを何人かずつのグループに分けないといけないんですけど，どうやって分けたらよいのでしょう？

 そんな時は，メインの遊びまで集中力が途切れないように，さっと分けることが大切よ。3つの方法を紹介するわね！

①手早く保育者が分ける方法
　保育者が子どもの人数を数えて，割り振っていく。5人ずつのグループを作りたいならば，保育者が「1・2・3・4・5。これで一つのチームだよ」と言いながら子どもを分けて，5人ずつ1ヶ所に集めて座って待つように言葉をかける。

②並んで番号を言う方法
　5歳児くらいになると，背の順などで並んでから「1・2・1・2・・・」や「1・2・3・1・2・3・・・」と自分たちで口で番号を言って，その番号ごとに集まったりもできる。年少児は保育者と一緒に番号を言って分けるようにする。

③事前に人数を調整し，一目で分かる目印で分ける方法
　ペンダントやしっぽなど，子ども自身がどのグループなのか見ればわかるものを配る。ペンダントやしっぽなどがじゃまになる場合は，カラー帽子の裏表を利用するのもよい。

　幼児期は，グループに分かれること自体が主となる遊びもあるわよ。「猛獣狩りに行こう」や，保育者の鳴らすタンバリンの音の数などで友達同士グループに分かれる「集まり遊び」も，メインの遊びとしてぜひ楽しんでほしいわ。

3．かけっこ・競走

① この遊びの楽しさ

　大人になっても，かけっこになると，熱く一生懸命になってゴールをめざしますね。思い切り走った時に得られる爽快感は，とても気持ちのよいものです。また，普段は関わりの少ない友達でも，同じチームになると，一生懸命応援したりして団結力が生まれ，それがきっかけで距離が近づく気持ちになれるのも，かけっこや競走の楽しさです。

　これは子どもにとっても同じで，かけっこや競走には，思いっきり体を動かす楽しさはもちろんのこと，お互いに応援し合うことで，友達同士の心を近付けるという魅力もあります。

　1歳児や2歳児では，走ることそのものが楽しくて，勝敗やゴールの場所など関係なく友達や保育者と一緒にどこまでもはしゃぎながら走り，3歳児になると，ゴールに向かって「よーいドン」ができるようになりますが，やはり勝敗よりも，友達と一緒に走ることが楽しさのメインになります。4歳児後半からは徐々に，「友達よりも速く走りたい」と思うなど，勝敗にも意識が向き始めます。

　ただ，幼児期のかけっこ・競走は，勝敗にこだわるよりも，まずはみんなで一緒に体を動かして，楽しくゴールを目指せる工夫をしたいものですね。

② 年齢に応じたポイント

年齢	かけっこ・競走の「楽しさ」のポイント
2歳児	・みんなで走ることが楽しい。
3歳児	・ゴールに向かってみんなで走ることが楽しい。 ・ゴールで口を開けた動物にえさをやるなど，ゴールに目的を作ると楽しい。
4歳児	・ボールをたまごに見立てて大事に持って走るなど，イメージを膨らませながら，かけっこや競走をするのが楽しい。 ・友達と比べて，速い・遅いというスピードを気にすることも楽しい。
5歳児	・友達と協力しながら物を運ぶかけっこや競走が楽しい。 ・勝敗に敏感になり始め，チームで協力して1位になろうとがんばることが楽しい。

2歳児　保育指導案(9)

10月3日木曜日　天気　雨	2歳児　うさぎ組　男8人　女7人　計15人	
主となる活動：よーいドン遊びをする。		
現在の子どもの姿：歩く，走る，跳ぶ，くぐる，またぐ，押すなど全身の様々な動きを取り入れた遊びや，まねっこ遊びを好んでいる姿が見られる。保育者が「よーいドン」と言うと，友達と一緒に走ることを楽しんでいる。	ねらい： ○よーいドン遊びで色々な動きを経験しながら体を動かす楽しさを味わう。 【健康 2】 ○保育者の励ましを受けながら，自分の力でがんばることの充実感を感じる。 【人間関係 1】	内容： ・手遊び「パンダうさぎコアラ」をする。 ・よーいドン遊びをする。

時間	環境構成	予想される子どもの姿・活動	保育者の援助や配慮
10：00	＜保育室＞ ・新聞紙で作ったフープ ・段ボールで作ったトンネル3個	○手遊び「パンダうさぎコアラ」をする。 ・保育者のところに集まる。 ・手遊び「パンダうさぎコアラ」を見る。 ・保育者と一緒に手遊びをする。	・保育者のところに集まるよう声をかける。 ・ゆっくりとわかるように手遊び「パンダうさぎコアラ」をする。 ・子どもと一緒に手遊びをする。
10：05		○よーいドン遊びをする。 ・3列に分かれて並んで座る。 ・保育者がよーいドン遊びをやってみせるのを見る。 ・保育者を見ながら，フープの島をわたって，段ボールトンネルをくぐって，両足ジャンプをしてゴールまで行く。 ・ゴールに到着した子どもは，その場に座ってこれから走る子どもを応援する。	・子どもを3列に分けて並んで座るよう声をかける。 ・フープの島をわたって，段ボールトンネルをくぐって，両足ジャンプをしてゴールまで行くよーいドン遊びの遊び方をやってみせる。 ・「よーいドン」と声をかけて，子どもたちに「がんばれ」，「次はトンネルくぐるよ」，「最後はうさぎさんジャンプだよ」と一緒にやってみせながらゴールへ導く。 ・走り終えた子どもにはゴールのところで座って待つよう声をかけて，次に走る子どもたちに「よーいドン」と声をかける。
10：20		○楽しかったことを振り返る。 ・フープの島をわたったり，トンネルをハイハイしてくぐったり，ウサギさんのようにジャンプして，体を動かした楽しさを振り返る。	・「今日はみんな，上手に島をわたって，トンネルをくぐれたね。最後はうさぎさんになれたね」などと言葉をかけて，遊びの楽しさを振り返ることができるようにする。

3歳児　保育指導案⑽

2月1日火曜日　天気　晴れ		3歳児　うさぎ組　　男10人　女10人　計20人	
主となる活動：ぱくぱく競走をする。			
現在の子どもの姿：全身の運動能力の発達が目覚ましく，散歩に行くのを楽しみにしている。個人差はあるが，「よーいドン」で，みんなで保育者の方へ走ることもできる。また，色々なイメージを持ちながらごっこ遊びも楽しんでいる。	ねらい： ○ぱくぱく競走を通じて，全身を動かして走る楽しさを味わう。【健康 2】 ○それぞれの動物に好きな食べ物があることに気付き，他の人や動物についても考えてみる。【環境 2】		内容： ・エプロンシアター「ぱくぱく」を見る。 ・ぱくぱく競走をする。
時間	環境構成	予想される子どもの姿・活動	保育者の援助や配慮
10：00	<保育室> ・エプロンシアター ・ねこ，うさぎ，さるが口を開けた顔が描かれた段ボール箱 ・1回戦のえさ：魚，にんじん，リンゴを型どりしたもの（それぞれ10個ずつ） ・2回戦のえさ：ミルク，キャベツ，バナナを型どりしたもの（それぞれ10個ずつ）	○エプロンシアター「ぱくぱく」を見る。 ・保育者のところに集まる。 ・ねこ・うさぎ・さるがどんな食べ物が好きなのか，保育者の問いかけに答えながら，エプロンシアターを見る。	・保育者のところに集まるよう声をかける。 ・ねこ・うさぎ・さるが，それぞれ好物の魚やミルク，にんじんやキャベツ，バナナやリンゴを食べるエプロンシアターをする。
10：15		○ぱくぱく競走をする。 ・ねこ，うさぎ，さるチームに分かれて1列に座る。 ・それぞれ一つずつ動物にあげるえさをもらう。 ・ぱくぱく競走の遊び方を見る。 ・順番にゴールの動物の口へ向かって走る。 ・ゴールに着いたら，動物の口にえさを入れる。 ・入れ終わったらえさをあげた動物の後ろに並ぶ。 ・走り終わった子どもは，これからえさを入れる子どもを応援する。 ・スタート位置に戻り，2回戦のえさをもらう。 ・走って動物の口にえさを入れたら，動物の後ろに並ぶ。	・子どもをねこ，うさぎ，さるのチームに分ける。 ・ねこチームには一人一つずつ魚，うさぎチームには一人一つずつにんじん，さるチームには一人一つずつリンゴを配る。 ・ゴールに置いてある動物の口の中にえさを入れる競走をする遊び方をやってみせて説明する。 ・「動物さんたちすごくおなかがすいているんだ。大好物のえさを早く口に入れてあげてね」と，走ってえさをあげにいくよう促す。 ・「動物さんたち，もうちょっとおなかすいているんだって」と言葉をかけ，2回戦をすることを伝えて，2回戦のえさを配り，競走をスタートする。 ・「がんばれ」と声をかけて応援する。
10：30		○楽しかったことを振り返る。 ・走って動物にえさをあげた遊びの楽しさを振り返る。	・「動物さん，おなかいっぱいになったよ。ありがとう」と言葉をかけて，遊びの楽しさを振り返る。

4歳児　保育指導案(11)

11月5日水曜日　天気　雨		4歳児　うさぎ組　　男10人　女10人　計20人	
主となる活動：たまごリレーをする。			
現在の子どもの姿：運動会も終わり，クラスの子どもの関わりが深まって，積極的に走ったり跳んだりして活発に遊ぶ姿が見られる。簡単なルールのある遊びやダンスなどで様々な動きに親しみ，体を動かす楽しさを感じている。		ねらい： ○たまごリレーを通して，全身を動かして楽しく運動する。【健康 2】 ○たまごリレーを通して，友達と関わりを深める。【人間関係 2】	内容： ・手遊び「ころころたまご」をする。 ・たまごリレーをする。

時間	環境構成	予想される子どもの姿・活動	保育者の援助や配慮
10：00	<ホール> ・赤，黄，緑，青がわかるような目印を置く。 ・スタートラインを引く。 ・コーン4つ ・新聞紙で作ったたまごボール4つ（赤，黄，緑，青のテープをはって，各チームのたまごがわかるようにしておく）	○手遊び「ころころたまご」をする。 ・保育者のところに集まり，座る。 ・手遊び「ころころたまご」を見る。 ・手遊び「ころころたまご」をする。	・集まるよう声をかける。 ・手遊び「ころころたまご」をする。 ・子どもも一緒にできるようゆっくり手遊びをする。
10：10		○たまごリレーをする。 ・保育者に言われた色の目印のところへ行き，一列に並んで座る。 ・たまごリレーの遊び方を聞く。 ・たまごの渡し方を練習してみる。 ・たまごを両手で持って走り，コーンをまわって戻って来て次の友達に落とさないように渡す。 ・たまごを頭の上に置いてリレーをする。 ・慎重にそろそろ走る。 ・たまごを足の間にはさんで，走る。	・子どもを赤チーム，黄チーム，緑チーム，青チームに分ける。 ・これからたまごに見立てたボールを運ぶリレーをすることを話す。 ・たまごは落とすと割れるので，落とさないように気を付けて運ぶこと，どのように走って次に走る友達にたまごを渡すかなどをやってみせる。 ・「よーいどん」とスタートの合図をする。 ・次は，たまごを頭の上に置いて手で持って運ぶよう伝える。 ・最後は，たまごを足の間にはさんで運ぶことを伝える。
10：30		○楽しかったことを振り返る。 ・たまごを色々な持ち方で運んだ楽しさを振り返る。 ・「もっとやりたい」と口にする。	・「たまご，上手に運べたかな」「こんな大きいたまごは何のたまごだろうね」などと問いかけながら，遊びの楽しさを振り返る。

5歳児　保育指導案⑿

6月3日金曜日　天気　雨		5歳児　うさぎ組　　男15人　女15人　計30人	
主となる活動：仲よくたまご配達リレーをする。			
現在の子どもの姿：年長児になり、友達と協力して遊ぶことも増えてきている。運動能力もますます発達し、固定遊具や縄跳び、ドッジボールやサッカーなどのボール遊びへの興味も高まり、繰り返し取り組み、楽しむ姿が見られる。	ねらい： ○たまご配達リレーを仲良く行うことを通じて、全身を動かし、運動する楽しさを味わう。【健康 2】 ○仲よくたまご配達リレーを行うことを通じて、友達と関わりを深める。【人間関係 2】		内容： ・手遊び「たまごたまご」をする。 ・仲よくたまご配達リレーをする。

時間	環境構成	予想される子どもの姿・活動	保育者の援助や配慮
10：00	<ホール> ・赤、黄、青の目印を置く。 ・スタートラインを引く。 ・コーン3つ ・新聞紙で作ったたまご 　㋐おたまじゃくしサイズ3つ 　　　（直径5cmくらい） 　㋑にわとりサイズ3つ 　　　（直径20cmくらい） 　㋒きょうりゅうサイズ3つ 　　　（直径50cmくらい） それぞれ赤・黄・青のテープをはって各チーム1つずつのたまごを用意する。	○手遊び「たまごたまご」をする。 ・保育者のところに集まり、座る。 ・手遊び「たまごたまご」をする。 ・色々な動物や生き物のたまごの大きさをイメージしながら楽しく手遊びをする。	・集まるよう声をかける。 ・手遊び「たまごたまご」をする。 ・にわとり、おたまじゃくし、きょうりゅうなど、色々な大きさのたまごを歌詞にする。
10：10		○たまご配達リレーをする。 ・保育者に言われた色の目印のとこへ行き、2列に並んで座る。 ・たまご配達リレーの遊び方を聞く。 ・隣にいる友達とおなかでたまごを挟んで運ぶ遊び方を知る。 ・コーンをまわって戻って来て次の友達に落とさないように渡す。 ・きょうりゅうのたまごの配達リレーをする。 ・おたまじゃくしのたまごの配達リレーをする。	・子どもを赤チーム、黄チーム、青チームに分ける。 ・それぞれのチームを2列にし、一緒に走る友達同士で手をつないで座るよう声をかける。 ・これからたまごを友達と一緒に協力して運ぶリレーをすることを話す。 ・たまごは落とすと割れるので、落とさないように気を付けて運ぶよう話す。 ・友達と手を繋いで、おなかにたまごを挟んで運ぶよう伝える。 ・「よーいどん」とスタートの合図をする。 ・全員走ったら、どこのチームが速かったか伝える。 ・2回戦は、きょうりゅうのたまごに見立てた大サイズのたまごを各チームに配る。 ・3回戦は、おたまじゃくしのたまごの配達リレーをする。
10：40		○楽しかったことを振り返る。 ・たまごを運んだ楽しさを振り返る。 ・「もっとやりたい」と口にする。	・「一番早く上手に運べたところはどのチームかな」などと問いかけながら、遊びの楽しさを振り返る。

第9章

造形遊びの保育指導案実例

※本書では，すべての指導案に，【健康 2】あるいは【人間関係 2】のように，保育所保育指針・幼稚園教育要領にある領域とねらいの番号（内容の番号ではなく，ねらいの番号）を青色で記載しています。本書は，保育指導案を書く際に，保育のねらいをしっかり立てることを大事なコンセプトにしています。ですから，すべての保育指導案についてそのねらいが，保育所保育指針・幼稚園教育要領のどこに記されているのかがわかるように，敢えて記載しています。

その他，造形遊びの出来上がりイメージ図についても通常，保育指導案には書かないように言われていると思いますが，これもみなさんにイメージが伝わるようにと，敢えて載せています。

みなさんは，これら青で記されている個所は，実際の保育指導案には書かないようにしてください。

第9章では

　造形遊びとして，新聞紙を使った遊び，もよう遊び，お絵描き遊び，ごっこ遊びを基本に，年齢に応じた保育指導案を紹介します。

1．新聞紙を使った遊び

① この遊びの楽しさ

　新聞は大人にとっては，「毎朝・毎夕届いて情報を得るもの」ですね。最近はテレビやパソコン，スマホに押され，新聞離れも進んでいますが‥‥‥。

　「新聞」は一日経つと「古新聞」になってしまいます。でも単なる「ゴミ」にはならないのが新聞紙のよい所です。掃除に使われたり，保温に使われたり，敷物に使われたり，野菜などを包む紙としても使われたりします。なかなか優れものですね。

　このような新聞紙は，大人だけではなく，子どものおもちゃにもなりますよ。破ったり，ちぎったり，洋服にして変身したり，上に乗ったり，折ったり‥‥‥。高価な材料ではなかなかできないような大胆な遊び方ができます。どんどん遊びに取り入れてみましょう。

② 年齢に応じたポイント

年齢	新聞紙を使った遊びの「楽しさ」のポイント
2歳児	・口に物を入れないようになってきた年齢から遊ぶことができる。 ・「いないいないばあ」などの遊びが大好きなので，新聞紙から顔が出てきたり，新聞紙の中から宝物を探すことが楽しい。
3歳児	・新聞紙を破ったり，ちぎったりする感触や，破る時に音がすることが楽しい。 ・ちぎりやすい方向を確かめたり，普通の紙ではなかなかできないようなダイナミックな破り方ができるのが楽しい。
4歳児	・いつも折っている折り紙よりずっと大きい新聞紙を使って折り紙遊びができるのが楽しい。 ・少しくらい破れても気にせずに，のびのびと遊べるのも楽しい。
5歳児	・新聞紙を使って，ファッションショーをするなど，自分が好きなものを好きなように作ることが楽しい。 ・新聞紙を丸めたり，棒にしたりして遊ぶことが楽しい。 ・新聞紙じゃんけんや新聞紙リレーなど，新聞を使った運動遊びも楽しい。

1～2歳児　保育指導案(13)

12月10日 火曜日　天気　晴れ	1～2歳児　すずらん組　男12人　女12人　計24人	
主となる活動：宝探し遊びをする。		
現在の子どもの姿：着替えや食事など、できることを自分でがんばる姿が見られる。また、クリスマスムードが高まり、クリスマスやプレゼントを楽しみにしている。友達同士でサンタさんについて話し合う姿も見られる。	ねらい： ○新聞紙を破り，自分の力で宝物を見つけ充実感を味わう。【人間関係 1】 ○見つけた宝物を見せ合い，伝え合う喜びを味わう。【言葉 2】 注：青色の部分は，決して実際の保育指導案には書かないようにして下さい。すべての指導案について同様です。	内容： ・新聞紙を破って宝物を見つける。 ・見つけた宝物を見せ合い，絵合わせ遊びをする。

時間	環境構成	予想される子どもの姿・活動	保育者の援助や配慮
10：00	<保育室> ・ペットボトルのふたにアルミホイルをまいてキラキラの宝物を用意する。（1人6個くらい）	○保育者の話を聞く。 ・保育者の近くに集まる。 ・新聞紙を破って宝物が出てくるところを見る。	・保育者の近くに集まるよう促す。 ・新聞紙を見せ，破ってみせて宝物を発見する。
10：10	・上記のふたに油性ペンで簡単な絵を描いておく。（いろいろたくさんの絵・クリスマスに関係しなくてもよい） ・新聞紙を2つに折った間に，間隔をあけ6個くらい置き，のりでとじる。（宝物が固まらないよう6個部屋が出来るような感じで） ・宝物を入れる容器を用意する。（お道具箱のふたなどでもよいし，プリンカップなどでもよい）	○宝探しをする。 ・自分の新聞紙を決め，新聞紙を破って宝探しをする。 ・豪快に破ったり，慎重に破ったりする。 ・宝箱を入れる容器を配ってもらう。	・床に新聞紙を適度な間隔を開けて並べる。 ・自分の新聞紙が見つけられるよう援助する。 ・破りにくい子がいたら，最初だけ手伝ってみる。 ・宝箱を入れる容器を手渡していく。
10：20	㊑ ○○○○○○○○○○○ ○○○○○○○○○○ ○○○○○○○	○友達と宝物を見せ合って遊ぶ。 ・友達と宝物を見せ合って遊んだり，同じ絵を見つけて喜んだりする。 ・宝物が増えて喜ぶ。	・子どもたちの宝物を見せてもらって言葉をかける。 ・どんな絵があるか聞いてみる。 ・いらない新聞紙は片付ける。
10：30	出来上がりイメージ図 ※通常，出来上がりイメージ図は記載しません。ほかのページも同様です。	○宝物を袋に入れてもらう。 ・キラキラの宝物を持って帰れるよう袋に入れてもらい準備する。 ・「また宝探しがしたい」と話し合う。	・最後にはみんな同じ数だけ宝物があるようにする。 ・それぞれの宝物を袋に入れ，持って帰ることができるように用意する。（持って帰れない場合は，集める） ・楽しかった宝探しを振り返る。

事前の準備

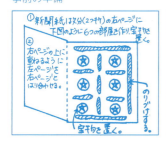
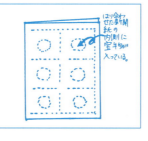

3歳児　保育指導案⒁

12月10日水曜日　天気　晴れ	3歳児　さくら組　　男14人　女14人　計28人	
主となる活動：新聞紙をちぎって遊ぶ。		
現在の子どもの姿：寒い日も多いが，寒さに負けず友達と元気に遊ぶ姿が見られる。外で遊べない日は，絵を描いたり作品を作ったりする活動にも楽しく取り組んでいる。出来上がった作品について友達と話し合う姿も見られる。	ねらい： ○明るく伸び伸びと新聞紙をちぎり，充実感を味わう。【健康 1】 ○自分の体を十分に動かし，新聞ボールを使って運動する。【健康 2】	内容： ・新聞紙をダイナミックに破ることを楽しむ。 ・破った新聞紙を大小のナイロン袋にいれて作った風船で遊ぶ。

時間	環境構成	予想される子どもの姿・活動	保育者の援助や配慮
10：00	＜保育室＞ ・新聞紙を1枚ずつにし，半分の大きさに切って用意しておく。（何枚かはちぎりやすい方向に少し切れ目を入れておく） ・大小のナイロン袋を用意しておく。	○保育者の話を聞く。 ・保育者の近くに集まる。 ・保育者が新聞紙を破るのを見る。 ・「早くやってみたい」と声を上げる。	・保育者の近くに集まるよう促す。 ・新聞紙を破って見せる。 ・大胆に，どんどん破ってよいと伝える。
10：10	（図：保育者を中心に子どもたちが集まっている様子）	○新聞紙を破って遊ぶ。 ・自由に新聞紙を破って遊ぶ。 ・大きな新聞紙を破って楽しむ。 ・どんどん細かくしていく。	・破りやすい方向に切れ目を入れたりしながら援助する。 ・自由に思い切りちぎっていけるよう言葉かけをする。
10：30		○新聞紙を袋に詰める。 ・大小さまざまな大きさの袋に友達と協力しながら新聞紙を詰めていく。 ・早く風船にしたくて保育者のところに結んでもらえるよう持っていく。	・大小さまざまな袋を用意し，新聞紙を詰めていけるようにする。 ・あまり重くなりすぎないうちに口を結び風船にする。
10：40	（図：4チームに分かれて並んでいる様子）	○風船で遊ぶ。 ・自由に風船を使って遊ぶ。 ・大きな風船で風船おくり競争などをする。 ・風船を一ヶ所に集め，楽しかった活動を振り返り，「また遊びたい」と話す。	・それぞれで楽しく自由に風船と触れ合える時間をもつ。 ・ある程度遊んだら，4チームくらいに分かれて風船おくり競争などをして遊ぶ。 ・風船を集め，楽しかった遊びをふり返る。

4歳児　保育指導案⑮

4月30日金曜日　天気　晴れ	4歳児　すみれ組　男14人　女14人　計28人	
主となる活動：新聞紙を折って遊ぶ。		
現在の子どもの姿：新しいクラスにもすっかり慣れ，もうすぐ始まるゴールデンウイークを楽しみにしている。園に飾ってあるこいのぼりや5月人形について保育者から由来を聞き，一層身近に感じ，興味を持ったようである。	ねらい： ○こどもの日の行事とかぶとを折ることを通して，自分の力で行動する充実感を味わう。【人間関係　1】 ○身近な新聞紙で紙でっぽうを折り，音の出る不思議に興味を持つ。【環境　1】	内容： ・新聞紙でかぶとを折ってかぶって遊ぶ。 ・新聞紙で紙でっぽうを折って遊ぶ。 ・「こいのぼり」のうたを歌う。

時間	環境構成	予想される子どもの姿・活動	保育者の援助や配慮
10：00	<保育室> ・新聞紙を用意しておく。（かぶと用・紙でっぽう用） ・円に切った折り紙を何色か用意しておく。 ・のりを人数分用意する。	○保育者の話を聞く。 ・もうすぐこどもの日という話を聞く。 ・5月人形やかぶとの由来を聞く。	・こどもの日や5月人形，かぶとなどについての話をする。
10：10		○かぶとを折る。 ・説明を聞きながらかぶとを折る。 ・友達同士で教え合う姿も見られる。 ・好きな色のまるい折り紙を選んで貼る。 ・かぶとをかぶってみる。	・新聞紙を一枚ずつ配り，かぶとの折り方を前で説明しながら一緒に折っていく。 ・難しいところがあれば援助する。 ・まるい折り紙の好きな色を選べるようにする。
10：25		○紙でっぽうを折る。 ・説明を聞きながら紙でっぽうを折る。 ・紙でっぽうをならして遊ぶ。 ・折りたたんで何度もならす。 ・破れたら新しい新聞紙をもらう。	・新聞紙を配り，紙でっぽうの折り方を前で説明しながら一緒に折っていく。 ・持つところを示し，ならし方を実演する。 ・難しいと思われる子には援助する。 ・新聞紙が必要な子は自由に取れるようにする。
10：40		○「こいのぼり」のうたを歌う。 ・できあがったかぶとをかぶり，「こいのぼり」のうたを歌う。 ・「家でも作ってみたい」という声を上げる。	・ピアノを伴奏する。 ・新聞紙で上手に折れたことを振り返る。

5歳児　保育指導案⒃

6月10日月曜日　天気　晴れ	5歳児　ゆり組　男16人　女16人　計32人	
主となる活動：新聞紙で服などを作って遊ぶ。		
現在の子どもの姿：年長児の自覚が芽生え，少し難しいことにも喜んで挑戦する姿が見られる。外遊びの時にはグループでゲームなどをする姿が見られるようになってきた。文字や様々な色や形などにも関心を持っている。	ねらい： ○感じたことや考えたことを新聞紙をつかって自分なりに表現して楽しむ。 【表現 2】 ○友達と見せ合いながらイメージを豊かにしたり，表現遊びを自由に楽しむ。 【表現 3】	内容： ・新聞紙に穴を開け洋服を作る。 ・新聞紙や折り紙などで飾りをつけていく。 ・ステッキや剣などを作って遊ぶ。 ・ファッションショーをし，出来た作品を見せ合う。

時間	環境構成	予想される子どもの姿・活動	保育者の援助や配慮
10：00	＜保育室＞ ・人数分の新聞を用意しておく。（洋服の土台） ・その他飾りや装飾品に使う新聞も用意しておく。 ・飾りに使えるよう4分の一に切った折り紙を用意しておく。 ・のり・はさみを人数分用意する。	○保育者の話を聞く。 ・席に着いて保育者の話を聞く。 ・洋服の土台の作り方の説明を聞く。	・新聞紙を半分に折り，真ん中に円をくりぬく方法を説明する。
10：10		○洋服を作る。 ・頭のところをくりぬき，洋服の土台を作る。 ・試しに着てみる。 ・あまった新聞紙や折り紙で自由に模様をつける。 ・カールして形を作る。	・土台となる新聞紙を各自に配り，残りの新聞紙や折り紙を自由に取れるように置いておく。 ・頭のところをくりぬくのが難しい子の援助をする。 ・それぞれの子がイメージする思いを形に出来るよう，必要に応じて助言する。
		○装飾品を作る。 ・帽子・りぼん・剣・ステッキなど新聞紙を使って自由に作る。 ・友達の影響を受けながら工夫する。	・新聞紙を，細く丸めて剣やステッキを作る場合，必要に応じてセロテープを使うよう援助する。 ・剣やステッキは危ない使い方をしないよう見守る。
10：30		○ファッションショーをする。 ・モデルのようにポーズをして遊ぶ。 ・剣やステッキなど持ち物について説明する。	・一人ひとりの作品を紹介する。 ・それぞれが工夫した点について注目できるような言葉をかける。
10：40	出来上がりイメージ図	○片付けをする。 ・作品といらない紙を分けて片付ける。 ・出来上がった作品を大切に保管する。	・作品を保管する場所と材料を戻すところなどを説明し，みんなで片付けられるようにする。

2. もよう遊び

① この遊びの楽しさ

　大きな白い画用紙を渡されて,「さあ,自由に描いてみましょう」と言われて困った経験はありませんか? 大人になればなるほど困ってしまうかもしれませんね。

　子どもであれば,無邪気に描き始められそうなイメージもありますが,やはりたくさんの遊びや易しい絵画経験の積み重ねがあってこそ,想像力豊かな絵を楽しく描けるようになるのです。

　ここでは,無理なく楽しい作品ができあがってしまう模様遊びの保育指導案を紹介します。

② 年齢に応じたポイント

年齢	もよう遊びの「楽しさ」のポイント
2歳児	・クレパスやペンで自由に点や線,まるなどを描くのが楽しい。 ・好きな色で描くうちに,塗りつぶしてしまうことも楽しい。
3歳児	・まるが上手に描けるようになって楽しい。 ・いろいろな色を使って,まるを描くことが楽しい。
4歳児〜 5歳児	・いろいろな模様にも興味を持ち始め,直線・曲線・点線などが描けたり,水玉模様・星・ハート・雪の結晶などの模様を描くことが楽しい。
5歳児	・文字や数字,記号にも興味を持って,それを書くことが楽しい。 ・鉛筆を使って書くことも楽しい。 ・「へのへのもへじ」や「ぼうがいっぽんあったとさ」などの絵描き歌が楽しい。

2歳児　保育指導案(17)

11月10日金曜日　天気　晴れ	2歳児　ひまわり組　男12人　女12人　計24人		
主となる活動：ドロップスのお絵描きをする。			
現在の子どもの姿：運動会が終わり自信がつき，園生活を楽しむ姿が見られる。いろいろな色に対する関心も出てきて，好きな色を教えあったりする姿も見られる。小さな作品を自分の力で作り上げることに喜びを感じている。	ねらい： ○いろいろな色の美しさに対する豊かな感性を持つ。【表現 1】 ○いろいろな色からどんな味を連想するか伝え合う喜びを味わう。【言葉 2】		内容： ・「ドロップスのうた」を歌う。 ・びんのしかけのある画用紙にいろいろな色を使ってドロップスを描く。

時間	環境構成	予想される子どもの姿・活動	保育者の援助や配慮
10：00	<保育室> ・薄い色画用紙でつくったびんを貼った白画用紙を人数分用意する。（白画用紙に貼らずにびんだけでもよい） ・クレパスも人数分用意する。（なければ4人に1セットくらい）	○「ドロップスのうた」を歌う。 ・それぞれの席で立ち，振り付けを踊りながら「ドロップスのうた」を歌う。	・スモックを着て，席に着くよう促す。 ・ピアノで伴奏をする。
10：10		○保育者の話を聞く。 ・かわいいびんを貼ってある画用紙を見せてもらう。 ・何味のドロップスが好きか考えてみる。 ・好きな味のドロップスを発表する。	・びんを貼ってある画用紙を見せ，「ドロップスがないね」ということを確認する。 ・何色のどんな味のドロップスがあるかみんなに尋ねる。（ピンクはいちご味，紫色はぶどう味など自由な意見を聞く）
10：15		○画用紙をもらって，ドロップスの絵を描く。 ・いろいろな色を使ってドロップスの絵を描く。 ・一粒一粒しっかり塗りこむ子もいる。 ・「○○味を描いたよ」などと話す。 ・びんのまわりに友達などを描く。	・画用紙を配り，クレパスのふたはそれぞれ重ねるよう言葉かけをする。（画用紙裏に名前） ・おいしい味がするように塗りこんでいけるよう言葉かけをする。 ・それぞれに言葉をかけながら，子どもの思いを聞く。
10：40		○もう一度「ドロップスのうた」を歌う。 ・みんなの絵を見せてもらう。 ・出来上がった絵を見ながらもう一度「ドロップスのうた」を歌う。	・食べるまねなどもしながら，「おおきなドロップだね。きれいな色ね，どんな味かしら」など言いながら，みんなの絵をそれぞれ紹介する。 ・たくさんの色を使って上手に出来たことを認め，「ドロップスのうた」を歌う。 ・「またお絵描きをしよう」と期待を持てる言葉をかける。
	出来上がりイメージ図		

ワンポイントアドバイス：薄い色の画用紙でびんを，同系色の少し濃い色でふたを作ると，かわいくなりますよ。何種類か作って好きなびんを選ばせてあげましょう。びんの形も色もかわいいものを用意するとよいですよ。

3歳児　保育指導案⒅

8月10日水曜日　天気　晴れ	3歳児　れんげ組　男14人　女10人　計24人	
主となる活動：しゃぼん玉の水ぼかしをする。		
現在の子どもの姿：暑い日が続いているが，水遊びやプール遊びを楽しむ姿が見られる。夏季保育中だが，欠席も少なく，毎日元気に友達と遊んでいる。先日，プール遊びの時に，保育者の作ったしゃぼん玉で楽しく遊んだところである。	ねらい： ○水ぼかしでにじむ様子をよく見て発見を楽しむ。【環境 2】 ○水ぼかしでにじんだきれいな色を見て，豊かな感性を持つ。【表現 1】	内容： ・画用紙にストローに見立てた折り紙を貼る。 ・サインペンでシャボン玉を描く。 ・水ぼかしを楽しむ。

時間	環境構成	予想される子どもの姿・活動	保育者の援助や配慮
10：00	<保育室> ・白画用紙，細く切った折り紙二色を用意する。 ・のりとサインペンを用意する。 ・筆と水を用意する。	○保育者の話を聞く。 ・保育者の話を聞きながら，先日しゃぼん玉で遊んだことを思い出す。 ・しゃぼん玉を描くことを楽しみにする。	・先日しゃぼん玉で遊んだことを思い出す。 ・今日はみんなでしゃぼん玉のお絵描きをしようと話す。
10：10		○折り紙を貼り，しゃぼん玉を描く。 ・ストローに見立てた折り紙を2枚貼る。 ・しゃぼん玉の絵を描く。 ・ストローからシャボン玉が出ているように描く。 ・大きいものも小さいものも自由に描く。	・画用紙と折り紙を配る。 ・折り紙のストローを貼れるよう言葉かけする。 ・きれいな色を使ってしゃぼん玉が描けるよう話をする。 ・丁寧に○を描けるようゆったりと進める。
10：30		○水ぼかしをする。 ・筆に水をつけ，そっとペンの上をなぞる。 ・にじんだ線を見て喜ぶ声を上げる。 ・友達と見せ合う。	・水と筆を用意する。 ・筆が乾いたらまた水をつけるよう言葉をかける。 ・色が混ざってしまわないよう，適当なところで終われるよう言葉かけをする。
10：40	出来上がりイメージ図	○出来上がった作品を見せてもらう。 ・友達の作品を見せてもらう。 ・いろいろな大きさや色，並び方があってきれいに出来上がったことを喜び合う。	・出来上がった作品をみんなに紹介する。（乾いていないのに持ち上げないよう注意する） ・大きさや並べ方，色などの違いや頑張ったところに対して認める言葉かけをする。

ワンポイントアドバイス：サインペンは，水色・黄色・ピンクなどパステル系の色を何色か選んでおいてもよいでしょう。

第9章　造形遊びの保育指導案実例

3歳児　保育指導案⒆

6月10日木曜日　天気　雨	3歳児　さくら組　男12人　女12人　計24人	
主となる活動：傘に模様を描く。		
現在の子どもの姿：元気いっぱいのさくら組の子どもたちだが，梅雨に入り，なかなか外遊びができず，室内での遊びを工夫しながら過ごしている。友達と楽しく話しながら一緒に遊ぶ姿が見られる。6月のうたも喜んで歌っている。	ねらい： ○身近な環境について，梅雨の時季の発見を楽しみ，遊びに取り入れようとする。【環境2】 ○いろいろな色の美しさに対する豊かな感性を持つ。【表現1】	内容： ・好きな色・形の傘を選び，自由に模様を描く。 ・傘の柄に見立てたストローをつけ，部屋に飾る。

時間	環境構成	予想される子どもの姿・活動	保育者の援助や配慮
10：00	<保育室> ・開いた形と閉じた形に切ったうすい色の画用紙を何色かずつ人数分用意する。	○保育者の話を聞く。 ・傘の画用紙を見せてもらう。 ・開いた形と閉じた形があることに気付く。	・開いた形と閉じた形に切った画用紙を見せ，何の形か尋ねる。
10：10	・クレパスも人数分用意する。（なければ4人に1セットくらい） ・ストローとセロテープも用意しておく。 ・出来上がった傘を飾るスペースを用意しておく。（壁面・ボードなど） ・しずく型に切った水色画用紙に各自の名前を書いておく。	○好きな画用紙を選ぶ。 ・開いた傘か閉じた傘か，何色がよいか考えて選ぶ。	・それぞれ好きな形と色を選べるようにする。 ・選んだ画用紙の裏に名前を書いておく。
10：15		○傘に模様を描く。 ・いろいろな色を使って傘に模様を描いていく。 ・顔の絵も描く。 ・雨のしずくも描く。	・クレパスのふたは重ねるよう言葉かけをする。 ・年齢的に絵の上に重ねて描いてしまうことがあるので，できるだけかわいい絵がかくれてしまわないよう言葉をかける。
10：25	（ピアノ・保・壁面スペースの配置図）	○ストローをつける。 ・出来上がった子から，保育者に手伝ってもらいながら画用紙の裏にセロテープでストローを貼り付ける。 ・傘をさすふりをして遊ぶ子もいる。	・出来上がった子からストローをつける援助をする。 ・セロテープ台に気をつける。 ・出来上がって嬉しい気持ちを受けとめる。
10：30		○みんなの作品を見せてもらい，部屋に飾ってもらう。 ・できあがった作品を飾ってもらうのを見る。 ・しずく型の名前もつけてもらうのを見る。	・みんなの作品を紹介しながら，あらかじめ用意しておいたスペースに傘を飾っていく。 ・それぞれの名前を書いたしずくを傘のそばに一緒に飾る。
10：40	出来上がりイメージ図	○6月のうたを歌う。 ・傘を飾った保育室で，いつも歌っているうたを歌う。（「あめふりくまのこ」や「かたつむり」，「かえるのうた」など）	・雨で外に行けないけどみんなの作品で保育室が楽しくなったと話す。

ワンポイントアドバイス：最初から傘の柄となるストローをつけてしまうと描きにくいので，描きあがってからつけるようにしましょう。

4～5歳児　保育指導案⑳

4月20日金曜日　天気　晴れ	4～5歳児　さくら組　男15人　女15人　計30人	
主となる活動：魔法のつぼで模様遊びをする。		
現在の子どもの姿：新しい学年に慣れ，少し自信もついてきたようである。新しい保育室や環境にも慣れてきている。友達の名前も覚え，一緒に遊んだりいろいろと話し合ったりする姿も見られる。当番活動に喜んで取り組んでいる。	ねらい： ○身近な事物を見たり考えたりする中で，様々な模様に対する感覚を豊かにする。【環境 3】 ○いろいろな色を使ってイメージ豊かに様々な表現を楽しむ。【表現 3】	内容： ・好きな形の大きなつぼを描く。 ・いろいろな模様を考えながらつぼに模様を描いていく。

時間	環境構成	予想される子どもの姿・活動	保育者の援助や配慮
10：00	<保育室> ・うすい色の画用紙を人数分用意する。（画用紙裏にはあとで名前を書く。） ・クレパスも人数分用意する。	○保育者の話を聞く。 ・どんな形にしようかと考えながら保育者のつぼの絵を見る。 ・いろいろな模様を思い浮かべながら保育者が描く模様を見る。	・魔法のつぼを描いてみるねと言いながら画用紙に大きめのつぼの絵を描いてみせる。 （本来は保育者が前で見本を見せることはしないが，真っ白な画用紙にどのように模様を描いていくのかを具体的に示すことが目的なので，見本を見せる） ・どんな模様があるか考えてみるよう言葉かけをしながら2～3列模様を描いてみる。
10：10		○つぼを描く。 ・画用紙をたてにするか横にするか決める。 ・好きな色の画用紙を選び，手でどんな形のつぼにするか画用紙をなぞってみる。 ・好きな色のクレパスでつぼを描く。 ・小さくなったら複数描いてもよい。	・うすい色の画用紙を何色か用意しておき，好きな色を選べるようにする。 ・一度手でつぼの形をとるよう促し，できるだけ画用紙いっぱいに大きなつぼが描けるよう言葉をかける。
10：20		○つぼに模様を描く。 ・一列ずついろいろな模様を描いて模様遊びをする。 ・自由にいろいろな色を使って描く。 ・まわりの友達から影響を受けながら描く。	・いろいろな模様が思い浮かばなくても，色を変えるだけでもきれいになると言葉をかける。 ・それぞれの子が描いている模様をみんなに知らせ試してみる子が出てもよい。
10：40	出来上がりイメージ図	○絵を見せ合う。 ・どんな魔法がありそうか考えながら友達の絵を見る。 ・自分の絵は「○○の魔法のつぼ」と発表し合う。	・少し離れたところからそれぞれの絵を紹介し，どんな魔法がありそうかなどと話し合う。 ・大きな画用紙にしっかり描けたことを認め，また描いてみようという気持ちになる言葉をかける。

3. お絵描き遊び

① この遊びの楽しさ

　大人でも,「絵を描くこと」が趣味である人は少なくありませんね。水彩画,油絵,イラスト,風景画,人物画など,絵にもいろいろありますが,無心に絵を描くことで,心が癒されることも少なくありません。

　子どもも絵を描くのが大好き。一人一人の絵を丁寧に見ていくと,一生懸命何かを表現しようとしているその子どもの心が伝わってきて,思わず感動してしまいます。

　保育者は,子どもが楽しくお絵描きで表現遊びができるよう,画用紙や模造紙などを用意したり,絵の具をといたり,題材を工夫したりします。こうした事前の準備はお絵描き遊びを充実させるために,とても大事です。

　生活の絵や経験画(けいけんが)を描いたりするのも良い思い出になりますし,お話などの絵を描くのも,子どもの想像力を育てるのにとてもよいでしょう。

　描いた絵を保育者に見せてお話したり,友達同士で見せ合ったりして仲良くなれるのも,お絵描き遊びの醍醐味(だいごみ)ではないでしょうか。

② 年齢に応じたポイント

年齢	お絵描き遊びの「楽しさ」のポイント
2歳児	・自由に沢山なぐりがきすることが楽しい。
3歳児	・まるが描けるようになって,顔を描いたりするのが楽しい。 ・子どもによっては,頭足人(とうそくじん)（頭から直接手足が出ている絵）を描けるようになって嬉しい。 ・まだ集中できる時間は短いが,短い時間の中で伸び伸びと好きなものを描くのが楽しい。
4歳児	・友達の絵を見て,影響を受けたりしながら,自分の想いを自分なりに表現することが楽しい。 ・保育者から,「○○を描いたのね」と尋ねられるよりも,その絵に込めた想いを聞いてもらって,お話することが楽しい。
5歳児	・想像力豊かにイメージの世界の絵を描くことが楽しい。 ・園によって違いはあるが,和紙や墨や箸ペンなどいろいろな画材を使いこなして,絵を描くことが楽しい。

１〜２歳児　保育指導案⑵

2月28日水曜日　天気　晴れ		1〜2歳児　ちゅうりっぷ組　男10人　女10人　計20人	
主となる活動：せんたくぐるぐる遊びをする。			
現在の子どもの姿：進級に向け期待を持ちながら，身の回りのことを自分でしようとする意欲が感じられる。寒い日が続いているが，体調をくずす子も少なく元気に遊んでいる。友達と関わりながら一緒に遊ぶ姿も増えてきた。		ねらい： ○生活の中でイメージを豊かにし，せんたくきのぐるぐるお絵描きを楽しむ。 【表現　3】 ○ぐるぐると言いながら描き，言葉で表現する楽しさを味わう。【言葉　1】	内容： ・画用紙にせんたくきのスイッチシールを貼る。 ・クレパスでぐるぐる自由に描く。 ・せんたくものの折り紙を貼る。
時間	環境構成	予想される子どもの姿・活動	保育者の援助や配慮
10：00	<保育室> ・白画用紙を人数分用意する。画用紙裏に名前を書いておく。 ・スイッチに見立てる赤丸シールを用意し，一人分ずつに分けておく。 ・クレパス（水色・青色）・のりを用意する。 ・折り紙でシャツ・ズボン・くつした（カラフルな色で）を人数分切って用意する。 ・壁面にひもをはっておき，洗濯ばさみでできあがった絵を飾る準備をしておく	○保育者の話を聞く。 ・それぞれの椅子に座り，保育者の話を聞く。 ・壁面にあるせんたくひもを見ながら話を聞く。	・壁面にあるひもを見ながら，せんたくの話をする。 ・クレパスでぐるぐるお絵描きをして，せんたく遊びをしようと話す。
10：10		○せんたくぐるぐる遊びをする。 ・画用紙とシールをもらう。 ・画用紙にシールをはり，スイッチに見立てて遊ぶ。 ・スイッチを押し，クレパスでぐるぐる自由に描く。 ・「ぐるぐる」と言葉に出しながら楽しんで描く。	・画用紙とシールを配る。 ・シールをめくりにくい子の援助をする。 ・シールをスイッチに見立てて押してみる。 ・クレパスを用意し，楽しく自由に描けるよう言葉をかける。 ・クレパスをぬりつぶしすぎると，せんたくものを貼る時，のりがつかないので適当なところで切り上げる。 ・描き終わったらクレパスを回収する。
10：20	出来上がりイメージ図	○のりでせんたくものを貼る。 ・折り紙のせんたくものをもらい，ぐるぐるお絵描きの上に自由に貼る。 ・貼り終わったら，スイッチを押して遊ぶ。	・折り紙とのりを配る。 ・のりをつけすぎないよう注意して見る。 ・貼り終わったら手についたのりをふく。
10：30		○できあがった作品を飾ってもらう。 ・壁面に自分の作品を飾ってもらう。 ・みんなの作品を見て楽しむ。	・できあがった作品を壁面のひもにせんたくばさみでとめていく。 ・みんなの作品を見ながら上手に出来たと振り返る。

ワンポイントアドバイス：「ぐるぐるぐる」と洗濯機に見立てて楽しく描きます。でもクレパスで塗りつぶしすぎたらのりがつかなくなるので気をつけましょう。

3歳児　保育指導案⑵

11月10日水曜日　天気　晴れ	3歳児　さくら組　　男12人　女12人　計24人	
主となる活動：しかけ扉のお絵描きをする。		
現在の子どもの姿：クレパスをにぎる力もついてきて，顔に手足のついた頭足人の絵を楽しんで描いている。友達や保育者に自分の描いた絵を見せ，何の絵を描いたか説明する姿も見られる。いろいろな色を使うことも楽しい様子である。	ねらい： ○日常生活の中の扉の絵を描き，遊んだり説明することによって保育者や友達と心を通わせる。【言葉 3】 ○扉の向こうを想像し，イメージを豊かにし，自分なりの表現を楽しむ。 【表現 3】	内容： ・しかけ扉のある画用紙に絵を描く。 ・出来上がった絵をノックして，扉の向こうをのぞいて遊ぶ。

時間	環境構成	予想される子どもの姿・活動	保育者の援助や配慮
10：00	<保育室> ・うすい色画用紙で作ったしかけ扉（4つくらい）のついた白画用紙を人数分用意する（裏に名前を書いておく）。 ・クレパスも人数分用意する。（なければ4人に1セットくらい）	○保育者の話を聞く。 ・扉のついた画用紙を見て，扉の向こうに誰がいるか想像する。 ・「家族やおともだち，動物などがいる」と友達の意見なども聞きながら想像をふくらませる。	・しかけ扉のついた画用紙を前で見せ，一つの扉を「トントントン」とノックし，誰のおうちか子どもたちに尋ねる。 ・扉を開けてみて誰もいないのを確認し，「みんなでお絵描きしてみようか」と言葉をかける。
10：10		○画用紙をもらう。 ・「トントントン，あれだれもいないね」などと遊んでみる。	・それぞれに画用紙を配る。 ・それぞれの画用紙の扉をさわって試せるよう言葉かけをする。
10：15		○扉の向こうに絵を描く。 ・扉の向こうにいるものを想像し，自分や家族や友達や動物など自由にお絵描きをする。 ・扉にドアノブや模様を描いたり，周囲にいろいろなものを描いたりする。	・クレパスのふたはそれぞれ重ねるよう言葉かけをする。 ・「扉のまわりにも描いてもいいよ」と声をかける。 ・とまどっている子がいれば「○○ちゃんがいるかな？ママがいるかな？うさぎさんかな？くまさんかな？」などと声をかける。
10：30		○出来上がった絵でトントントン遊びをする。 ・ノックをして扉の向こうに誰がいるか見る。 ・近くの友達と見せ合う。	・保育者もノックをしながらみんなの絵を見てまわる。 ・友達同士で楽しく見せ合いっこができるよう言葉をかける。
10：40	出来上がりイメージ図	○友達の絵を見せてもらう。 ・扉の向こうに誰がいるか想像しながら楽しく見る。 ・「もっと遊びたい」と声を上げる。	・みんなの前で何作か紹介する。 ・「楽しく描けた」「また描きたいね」といった気持ちが持てる言葉かけをする。

ワンポイントアドバイス：扉ののりしろは上か左にした方が子どもたちが描きやすいですよ。ただし，左手でお絵描きする子はのりしろを右にしましょう。

4歳児　保育指導案(23)

2月28日金曜日　天気　晴れ	4歳児　すみれ組　男14人　女14人　計28人	
主となる活動：れいぞうこの絵を描いて遊ぶ。		
現在の子どもの姿：生活発表会も終わり，進級を楽しみにしている。まだ寒い日が多いが，春の歌なども歌い始めている。絵を描くときは，友達と話しながら影響を受けるなどして，自分なりに工夫して描く姿が見られる。	ねらい： ○それぞれの冷蔵庫について友達と話し，伝え合う喜びを味わう。【言葉 2】 ○冷蔵庫についてのイメージを自分なりに表現して楽しむ。【表現 2】	内容： ・冷蔵庫の扉を作る。 ・冷蔵庫の中に入っているものの絵を描く。

時間	環境構成	予想される子どもの姿・活動	保育者の援助や配慮
10：00	<保育室> ・白画用紙を人数分用意する。 ・クレパス（ペンカラーでもよい），はさみを用意する。	○保育者の話を聞く。 ・それぞれの椅子に座り，保育者の話を聞く。 ・家の冷蔵庫にどんなものが入っているか話し合う。	・それぞれの家の冷蔵庫にどんなものが入っているか尋ねる。
10：10		○冷蔵庫の扉を作る。 ・画用紙を半分に折り，上になった画用紙に水色で2本線を描く。 ・はさみでその線の上を，上の画用紙だけ切る。 ・ドアのもち手と冷蔵庫の中の間仕切り（2本線）を描く。	・画用紙を半分に折り，水色で2本の線を描き，上の画用紙だけ切るという，一連の冷蔵庫の作り方を前で実際にしてみせて説明する。 ・下の画用紙まで切ってしまわないよう注意して見ながら言葉をかける。 ・ドアの持ち手と冷蔵庫の中の間仕切りについて説明し，わかりにくいと思われる子には援助する。
10：20		○冷蔵庫の中を描く。 ・冷蔵庫の中に入っているものを想像しながら描く。 ・「ここは冷凍庫」と冷凍のものも描く。 ・扉の裏にも飲み物や調味料など自由に描く。	・冷蔵庫の中には自由に好きなものを描いていけるよう言葉をかける。 ・扉の裏にも描いてよいことを知らない子がいたら伝える。
10：40	出来上がりイメージ図	○友達と作品を見せ合う。 ・近くの友達と冷蔵庫を見せ合う。 ・保育者にみんなの作品を見せてもらう。	・一人ずつの作品がみんなに見えるようにし，冷蔵庫のドアを開けながらどんなものが入っているか紹介していく。

ワンポイントアドバイス：●冷蔵庫の扉を切るときは，2枚重ねて切ってしまわないよう，上の1枚だけ切れるように気をつけて言葉をかけましょう。
●110ページのイラストも参考にしてみましょう。

第9章　造形遊びの保育指導案実例

5歳児　保育指導案⑭

5月10日月曜日　天気　晴れ	5歳児　うめ組　男16人　女16人　計32人	
主となる活動：ストーリーのあるお絵描きをする。		
現在の子どもの姿：新しいクラスに慣れ，友達とも仲良く話しながら遊ぶ姿が見られる。さわやかな気候のもと，外遊びも楽しんでいるが，絵本や物語のお話などを喜んで聞き，いろいろなことを想像しながら楽しむ姿も見られる。	ねらい： ○絵本や物語などに親しみ，ストーリーのあるお絵描きを楽しむ。【言葉 3】 ○感じたことや考えたことを自分なりに表現して，友達同士で見せ合って楽しむ。【表現 2】	内容： ・細長い画用紙にそれぞれが想像したストーリーを描いていく。 ・本体にセットし，遊んだり，友達同士で見せ合ったりする。

時間	環境構成	予想される子どもの姿・活動	保育者の援助や配慮
10:00	<保育室> ・細長い白画用紙を人数分用意する。裏に名前を書いておく。 ・上記の白画用紙の幅に切り込みを入れた色画用紙の本体を用意する。 ・スイッチに見立てる○シールを用意する。	○保育者の話を聞く。 ・それぞれの椅子に座り，保育者の話を聞く。 ・保育者の話を聞き，自分で想像したお話や登場人物を発表する子もいる。	・スモックを着て，サインペンを用意し，席に着くよう言葉をかける。 ・いろいろなお話や登場人物を考えてみようと話をする。
10:10		○細長い画用紙にストーリーのお絵描きをする。 ・配られた白画用紙にサインペンで自由に絵を描く。 ・友達に影響を受けたりしながら，絵を描き足していく。 ・保育者や友達に描いているストーリーを説明する。	・細長い白画用紙を配る。 ・とまどっている子がいれば，言葉をかけ，想像がふくらむよう会話を通して援助する。 ・子どもたちの絵を見て回り，言葉をかけたり，想いを聞いたりする。 ・それぞれのストーリーがさらに発展するような言葉をかける。
10:30		○本体の色画用紙に細長い画用紙を通して遊ぶ。 ・描きあがったら，色画用紙にスイッチ用の○シールを貼ったり自由に模様を描く。 ・色画用紙に白画用紙を通して遊ぶ。 ・友達同士で見せ合ったり，ストーリーを話し合ったりする。	・色画用紙やスイッチ用の○シールを配る。 ・色画用紙にいろいろな模様を描くよう言葉かけをする。 ・白画用紙を通しにくい子を援助する。 ・白画用紙を動かして遊べるよう言葉をかける。 ・ストーリーを話す子がいれば聞く。
10:40	出来上がりイメージ図	○ストーリーを発表する。 ・みんなの前で絵を動かし，お絵描きのストーリーを発表する。 ・友達の発表を楽しみながら聞く。	・みんなの前でストーリーを発表していけるよう援助する。 ・話しにくい場合は，絵を動かすだけでもよい。 ・工夫しているところなど認める言葉かけをする。

ワンポイントアドバイス：パソコンバージョン，スマホバージョン，ＤＳバージョン，テレビバージョン，いろいろと想像して楽しんでみてくださいね。

4. ごっこ遊び

① この遊びの楽しさ

　大人になると,「ごっこ遊び」をすることはほとんどありませんね。現実の生活を一生懸命に生きることがメインテーマになるからです。

　でも,子どもは「ごっこ遊び」が大好き。大人の世界にとても憧れていて,夢を持っています。特に,大人の仕事には興味津々。お母さんごっこやお買い物ごっこにバスや電車の運転手さんごっこ,お花屋さんやケーキ屋さんごっこ,スイミングのコーチやピアノの先生ごっこ,お医者さんごっこ,サッカー選手や野球選手ごっこ,もちろん幼稚園や保育園の先生ごっこもよく見かけますね。実に細かい所までよく観察していて,ごっこ遊びの実演ぶりには驚かされます。

　保育者は,そんな子どもの「ごっこ遊び」の世界に共感しながら,遊びを提案することが大事です。ここでは,「ごっこ遊び」のイメージを広げられるよう指導案を考えていきましょう。

② 年齢に応じたポイント

年齢	ごっこ遊びの「楽しさ」のポイント
2歳児	・少しずつではあるが,友達と一緒にするごっこ遊びが楽しい。 ・エプロンや帽子といった小物があると,一層なりきって遊べて楽しい。
3歳児	・友達とごっこ遊びの役割を決めることが楽しい。 ・ごっこ遊びが盛り上がると,次の日も続いて遊ぶ。
4歳児	・友達と話し合いながら,想像力を駆使したごっこ遊びが楽しい。 ・絵本や物語のストーリーに沿ったごっこ遊びが楽しい。
5歳児	・いろいろな職業に関心を持ち,働く大人のまねをするごっこ遊びが楽しい。 ・いろいろな物を作る力が育ってきており,ごっこ遊びに必要な小道具を工夫して作って遊ぶのが楽しい。

2歳児　保育指導案⑿

11月10日金曜日　天気　晴れ		2歳児　ひまわり組　男12人　女12人　計24人	
主となる活動：バスごっこをする。			
現在の子どもの姿：過ごしやすい気候のもと，外遊びを楽しむ姿が見られる。散歩の時など，自分の力で歩ける距離も増えてきて，周りの景色やトラックやバスなど大きな乗り物などに興味を持ち，嬉しそうに見ていることが多い。	ねらい： ○身近な乗り物に親しみ，興味や関心を深める。【環境 1】 ○遊びを通して，交通安全に関する習慣を身に付ける。【健康 3】		内容： ・バスのハンドルにシールを貼って飾り，自分だけのハンドルを作る。 ・座席のように並べた椅子に座り，バスごっこを楽しむ。

時間	環境構成	予想される子どもの姿・活動	保育者の援助や配慮
10:00	<保育室> ・厚紙などでバスのハンドルを用意しておく。 ・いろいろな色・形のシールを用意し，シールシートを適当な大きさに切ってまぜ，6個の箱にわけておく。 [図：ピアノ，保育者を中心に子どもが集まる、椅子が周りに並ぶ]	○保育者の話を聞く。 ・保育者の周りに集まり，話を聞く。 ・知っている乗り物について発表する。 ・ハンドルを見せてもらう。	・散歩や登降園の時にどんな乗り物があったか聞いてみる。 ・用意しておいたハンドルを見せ，「きれいな模様の自分だけのハンドルを作ろう」と話す。
10:10	[図：ピアノ，シールの箱を囲んで6グループに分かれて座る]	○ハンドルにシールを貼る。 ・シールの箱を囲んでグループに分かれる。 ・ハンドルを配ってもらう。 ・ハンドルに自由にシールを貼って飾る。 ・シールのいろいろな色や形について「こんな風に貼ったよ」と言葉にする。	・シールを入れた箱を間隔をあけて置き，6つのグループに分かれて座れるよう促す。 ・ハンドルを配る。 ・それぞれのハンドルに自由にシールを貼れるよう気を付けて見て援助する。
10:20	[図：ピアノ，保育者の前にバスの座席のように椅子を並べる]	○椅子に座り，バスごっこを楽しむ。 ・自分のハンドルが出来上がったら，ハンドルを持ってバスの座席に座る。 ・ハンドルを持ってバスの運転遊びをする。 ・右に曲がるときは右に，左に曲がるときは左にハンドルを動かし，保育者と一緒に楽しむ。 ・バスに乗りながら信号やお客さんなど起こった出来事に反応しながら遊ぶ。	・出来上がった子からバスの座席に座れるように言葉をかける。 ・「発車オーライ」「次とまります」「右に曲がります」「左に曲がります」「バックします」などと言葉をかけ，交通遊びができるようにする。 ・「信号が赤になりました」「大変！ねこちゃんが」「バスに乗りたいお客さんが待っていますよ」などと言ってどうすればよいか考えを促しながら遊ぶ。
10:30	出来上がりイメージ図 [図：ハンドルのイラスト　切り抜いておく。]	○「バスごっこ」を歌う。 ・ハンドルを動かしながら「バスごっこ」を歌う。 ・楽しかった遊びを振り返る。	・みんなで「バスごっこ」を歌えるようにする。（ピアノを弾いてもよい） ・「バスごっこ楽しかったね」と話し合う。

3歳児　保育指導案⑳

7月10日火曜日　天気　晴れ	3歳児　すずらん組　男14人　女13人　計27人	
主となる活動：野菜ごっこをする。		
現在の子どもの姿：気温の高い日が増え，園庭の朝顔や野菜などの成長を興味深く観察している。水やりも喜んで行い，友達と成長ぶりを話し合う姿も見られる。6月にジャガイモ掘りを経験し，土の中の野菜にも興味を持ち始めている。	ねらい： ○身近な植物に親しみ，葉や花，根などに対する興味を深める。【環境　1】 ○野菜をぬいた時の音を言葉で表現して楽しむ。【言葉　1】	内容： ・『やさいさん』の絵本を見ながら「すっぽーん」と声に出して楽しむ。 ・大根や人参などを作り，実際に「すっぽーん」と言いながら遊ぶ。

時間	環境構成	予想される子どもの姿・活動	保育者の援助や配慮
10：00	<保育室> ・『やさいさん』の絵本を用意する。 ・空に見立てた水色の画用紙と土に見立てた茶色の画用紙でポケットを作っておく。 ・人参に見立てた橙の画用紙と大根に見立てた白の画用紙，葉に見立てた緑（黄緑）の画用紙を切っておく。 ・のりとサインペンを用意する。	○保育者の話を聞く。 ・「キャベツはキャ」の手遊びをする。 ・『やさいさん』の絵本を見る。 ・絵本を見ながら「すっぽーん」と一緒に言葉に出して楽しむ。 ・葉の形を見たりして，野菜を想像して発表する。	・「キャベツはキャ」の手遊びをする。 ・『やさいさん』の絵本を読む。 ・「すっぽーん」のところはみんなで力を合わせて声を出せるようにする。 ・読みながら，「次の野菜は何かな？」と聞いたりする。
10：15	（座席配置図）	○大根と人参を作る。 ・大根と葉，人参と葉をのりで貼りあわせる。 ・大根と人参に思い思いの顔を描く。 ・裏にも描く。	・大根，人参，葉の画用紙を配る。 ・葉を間にはさんでのりづけできるよう言葉をかけ，援助する。 ・好きな表情の顔をかけるよう言葉をかける。
10：30		○土のポケットに野菜を入れたり抜いたりして遊ぶ。 ・土のポケットに作った大根と人参を入れる。 ・「すっぽーん」と言って抜いて遊ぶ。 ・「おうちに帰ろ」と言って土に戻したりする。	・用意していた土のポケットを配る。 ・「すっぽーん」と言いながら大根や人参を抜くまねをして見せる。 ・子どもたちが抜いて遊ぶところを見て言葉をかける。
10：40	出来上がりイメージ図	○出来上がったものを見せ合う。 ・それぞれの作品を見せてもらう。 ・野菜の表情がいろいろあることに気付き楽しむ。	・子どもたちの作品を「すっぽーん」と抜いて，いろいろな表情の大根と人参があることを知らせる。 ・楽しく遊べたことを振り返る。

ワンポイントアドバイス：
- 『やさいさん』と同じ作者の『くだものさん』というしかけ絵本もあるので，秋にくだもの屋さんごっこをするのも楽しいですよ。
- 大根や人参を2枚ずつ作っておいて間に葉をはさんでのりづけするとしっかりしたものができます。

4歳児　保育指導案(27)

12月10日火曜日　天気　晴れ	4歳児　すみれ組　男14人　女15人　計29人	
主となる活動：アクセサリーごっこをする。		
現在の子どもの姿：年末のクリスマス会などの行事を楽しみにしている。年中組も後半になり，画用紙などでいろいろなものを工夫して作って楽しむ姿が見られる。友達同士で見せ合ったりして影響を受ける姿も見られる。	ねらい： ○アクセサリーごっこを通していろいろな物の美しさなどに対する豊かな感性を育む。【表現 1】 ○できあがったアクセサリーをお店に飾り，工夫したところを伝え合う喜びを味わう。【言葉 2】	内容： ・指輪や首飾り，ブレスレットなどいろいろなアクセサリーを作って遊ぶ。 ・ケースに見立てた箱に飾り，皆で見せ合って遊ぶ。

時間	環境構成	予想される子どもの姿・活動	保育者の援助や配慮
10：00	<保育室> ・適当な大きさに切った色画用紙を用意する。 ・ペットボトルのふた，アルミホイルなども用意する。（あればカラーホイル紙） ・サインペン，のりを人数分用意する。 ・油性ペン，セロテープを用意する。 ・廃材の箱（色画用紙で作ってもよい）を用意する。 材料を自由に取れるように置く。	○保育者の話を聞く。 ・それぞれの席に座り，保育者の話を聞く。 ・指輪や首飾り，ブレスレット，腕時計などを作ってみたいと言う。 ・画用紙・ホイル紙・ペットボトルのふたなども見せてもらう。 ・どの材料を使って，どんなアクセサリーを作りたいか考えながら説明を聞く。	・どんなアクセサリーを作りたいか話し合う。 ・準備してある材料を見せ，説明する。 ・画用紙で輪の作り方を確認する。（細長い画用紙を輪にしてのりで端をとめる。つなげると輪つなぎになる） ・ホイル紙は好きな形に切って貼ったり，油性ペンで絵を描けることや，ペットボトルのふたを包んだりすることもできると紹介する。
10：10		○好きなアクセサリーを作る。 ・画用紙などを使って，好きなアクセサリーを作る。 ・模様や絵を描いて，切って使う。 ・友達の作品を見て，影響を受けながら工夫する。 ・思いが形にならない場合は保育者に相談する。	・材料を自由に取れるようにし，思い思いのアクセサリーを作れるようにする。 ・輪を作るのが難しい子がいたら援助する。 ・それぞれの思いを形にできるよう，話を聞きながら援助する。
10：40	出来上がりイメージ図	○出来上がった作品を飾る。 ・それぞれの箱に工夫して作品を飾る。 ・もし大きな首飾りなど入らないものがあれば，保育者に相談して飾れるようにする。 ・友達同士で見せ合って楽しむ。	・廃材の箱などを利用して作品を飾る援助をする。 ・それぞれの作品が飾れるように援助する。 ・大きな首飾りなどは別に飾れるようにする。 ・皆の作品を見せ合い，楽しかった活動を振り返る。

5歳児　保育指導案(28)

8月1日木曜日　天気　晴れ	5歳児　さくら組　　男16人　女15人　計31人	
主となる活動：朝顔で染め物ごっこをする。		
現在の子どもの姿：暑い日が続いているが，暑さに負けず元気に遊んでいる。水遊びやプール遊びも楽しんでいる。種から育てている朝顔が毎日きれいに咲いているのを喜んで観察している。水やりなど責任を持って世話をする姿も見られる。	ねらい： ○身近な朝顔の花を使ってきれいに染められることを発見し，楽しむ。【環境 2】 ○朝顔のきれいな色に対する豊かな感性を持つ。【表現 1】	内容： ・朝顔の花と水をビニール袋に入れてもむ。 ・容器に入れた朝顔の色水を使って綿棒で絵を描いて遊ぶ。 ・折りたたんだ和紙をつけて染める。

時間	環境構成	予想される子どもの姿・活動	保育者の援助や配慮
10：00	<園庭> ・ナイロン袋を用意する。 （園舎・園庭・朝顔の配置図）	○保育者の話を聞く。 ・園庭の朝顔のところに集まり，保育者の話を聞く。 ・朝顔の花を摘み，水を少し入れ，もんで色を出す。 ・きれいな色になったと喜ぶ声が上がる。	・朝顔を摘んでそれぞれの袋に入れるよう言葉をかける。しぼんだ花でも色が出ると話す。 ・少しずつ水を入れて色水づくりができるよう見守る（水は少ない方がよい）。
10：15	<保育室> ・プリンカップなどの容器と綿棒を用意する。 ・白画用紙と和紙を用意する。 ・子どもが届く高さにひもを張っておく。 ・洗濯ばさみを用意する。	○綿棒で自由に描く。 ・それぞれの色水を容器に移す。 ・綿棒を色水につけて，白画用紙に自由に絵を描く。 ・どんな色か見せ合う。	・それぞれが作った色水を容器に移せるよう援助する。 ・白画用紙と綿棒を配る。 ・絵を描く様子を見て回る。
10：30	（机配置図） 出来上がりイメージ図 （和紙の折り方と染め方のイメージ図）	○和紙を折って染める。 ・色水に酢や重層を入れるとどうなるか見せてもらう。 ・色の変化に驚きの声を上げる。 ・和紙をもらい，保育者と一緒に折る。 ・保育者が和紙を染めるのを見る。 ・実際に染めてみる。 ・染め終わったらそっと広げる。	・大きめの容器に色水をいくつか作っておく。 ・色水に酢を入れ，色の変化を見る。 ・色水に重層を入れ，色の変化を見る。 ・和紙を配り，折り方を説明しながら一緒に折る。 ・角を色水につけ，違う角は違う色につけたりし，つけ終わったら，広げて見せる。 ・破れたりしないようにそっと広げるよう言葉をかける。
10：40		○出来上がった作品を飾る。 ・出来上がった作品を洗濯ばさみでとめて飾る。 ・友達の作品を見る。 ・いろいろな色，模様が出来上がったことに気付く。	・出来上がった作品を洗濯ばさみでとめるのを援助をする。 ・全員の作品を飾れるようにする。

ワンポイントアドバイス：●朝顔の色水に重曹（アルカリ性）を入れたり，レモン汁や酢（酸性）を入れると色が変わるので試してみて下さいね。
●水が多すぎると，あまり染まらないので事前に一度試してみるのがおすすめです。

第10章

うた・リズム・じゃんけん遊びの保育指導案実例

※本書では，すべての指導案に，【健康 2】あるいは【人間関係 2】のように，保育所保育指針・幼稚園教育要領にある領域とねらいの番号（内容の番号ではなく，ねらいの番号）を青色で記載しています。本書は，保育指導案を書く際に，保育のねらいをしっかり立てることを大事なコンセプトにしています。ですから，すべての保育指導案についてそのねらいが，保育所保育指針・幼稚園教育要領のどこに記されているのかがわかるように，敢えて記載しています。

　みなさんは，振り付けイメージ図を含め青で記されている個所は，実際の保育指導案には書かないようにしてください。

第10章では

うた・リズム遊び，じゃんけん遊びを基本に，年齢に応じた保育指導案を紹介します。

1．うた・リズム遊び

① この遊びの楽しさ

　大人でもうたやリズムを聞くとウキウキしますが，子どもたちもうたやリズム遊びが大好きです。小さな年齢のクラスからも毎日楽しそうなうたが聞こえてきます。うたやリズムは，園生活の一部と言ってもよいくらいです。

　うた・リズム遊びは，ちょっとした時間にも行えますし，耳で聞いた音楽やリズムに乗って体を動かすことで身体能力を高めることもできます。うたを歌うことで，言葉の発達を促すこともできますので，保育にはどんどん取り入れたいですね。

　園によって取り組み方に違いはありますが，カスタネットやタンバリン，すずやトライアングルなどのリズム楽器に親しむのも楽しいですし，手作りのマラカスやタンバリンなどを作って遊ぶのも楽しいですよ。

② 年齢に応じたポイント

年齢	うた・リズム遊びの「楽しさ」のポイント
2歳児	・「ぞうさん」「チューリップ」など，よく知っている童謡を歌うのが楽しい。 ・うたに合わせた保育者の振付を見ながら手足を動かすのが楽しい。
3歳児	・カスタネットやタンバリン，すずなどで，リズム打ちすることが楽しい。 ・2番・3番がある少し長いうたや，「あめふりくまのこ」のようなストーリーのあるうたを歌うのが楽しい。
4歳児	・鍵盤ハーモニカや木琴などを演奏することが楽しい。 ・「アブラハムの子」や「鬼のパンツ」など，少し難しいリズム遊びに取り組んだり，音楽に合わせて全身をリズミカルに動かすことが楽しい。
5歳児	・鍵盤ハーモニカを中心にいろいろな楽器を面白がり，鼓笛や器楽合奏をすることが楽しい。 ・みんなで声を合わせて，正しい音程やリズムでうたを歌うことが楽しい。 ・「十五夜さんのもちつき」や「うさぎとかめ」など，友達と息を合わせて，少し難しいリズム遊びに挑戦することが楽しい。

2歳児　保育指導案⑼

11月10日月曜日　天気　晴れ	2歳児　ひまわり組　男12人　女12人　計24人	
主となる活動：秋のうたで遊ぶ。		
現在の子どもの姿：過ごしやすい秋の気候のもと，外遊びを元気に楽しんでいる。どんぐりやまつぼっくりひろいを夢中で楽しむ姿も見られる。紅葉はまだあまり進んでいないが，葉っぱひろいを楽しみ，友達と見せ合う姿も見られる。	ねらい： ○伸び伸びと体を動かし，大きな声を出して楽しむ。【健康 1】 ○秋のうたを歌って表現する楽しさを味わう。【言葉 1】 注：青色の部分は，決して実際の保育指導案には書かないようにして下さい。すべての指導案について同様です。	内容： ・「まつぼっくり」のうたを歌う。 ・「まつぼっくり」の「さ」のリズムで遊ぶ。 ・「大きな栗の木の下で」のうたを歌う。 ・「大きな○○の木の下で」で遊ぶ。

時間	環境構成	予想される子どもの姿・活動	保育者の援助や配慮
10：00	<保育室> ・絵本『どうぞのいす』を用意する。 [ピアノ／保の周りに子どもたちの配置図]	○保育者の話を聞く。 ・絵本『どうぞのいす』を見る。 ・秋にはどんぐりや栗やまつぼっくりがたくさん落ちている話を聞いて思い浮かべる。	・絵本『どうぞのいす』を読む。 ・秋の木の実や葉っぱの話をする。 ・どんぐりや栗やまつぼっくりを拾ったことがあるか問いかける。
10：10		○「まつぼっくり」のうたを歌う。 ・ピアノに合わせて「まつぼっくり」のうたを歌う。 ・まつぼっくりがあったと「さ」の「さ」を言わないで歌う。 ・わざと「さ」と大きく言う子もいる。 ・「さ」のところで手をたたいて歌う。 ・「さ」のところでひざをたたいて歌う。	・「まつぼっくり」のうたの伴奏をする。 ・まつぼっくりがあったと「さ」の部分を言わないで口をふさいで見本をする。 ・「さ」なしの伴奏をする。 ・「さ」を大きく言いたい子がいたら，逆に大きく歌うようにする。（そのように伴奏する） ・「さ」のところで手をたたく見本をし，みんなで歌う。次はひざをたたく見本をし，みんなで歌う。
10：20		○「大きな栗の木の下で」のうたを歌う。 ・「大きな栗の木の下で」を振り付きで歌う。 ・「小さな栗の木の下で」を歌う。 ・大きなヤシや大きな柳や大きなバナナの替え歌を歌って振り付きで踊って遊ぶ。	・「大きな栗の木の下で」のうたの伴奏をする。 ・小さな音で伴奏し，「小さな栗の木の下で」を歌う。 ・大きなヤシはハワイアン風に，大きな柳はおどろおどろしく，大きなバナナはトロピカルな感じで伴奏を工夫する。
10：30	振り付けイメージ図 [フラダンス風／おばけの手／バナナ・サル・バナナのイラスト]	○活動を振り返る。 ・楽しかった活動を振り返り，「また歌いたい・踊りたい」という意見も出る。	・活動を振り返り，「また歌おう」と約束する。 ・「また，まつぼっくりやどんぐりを探しに行きたいね」と話す。

歌詞のアレンジバージョン♪：大きなヤシの木の下で　あなたとわたし　なかよくフラダンス　大きなヤシの木の下で
　　　　　　　　　　　　大きな柳の木の下で　おばけとわたし　なかよくあそびましょう「キャー」　大きな柳の木の下で
　　　　　　　　　　　　大きなバナナの木の下で　おさるさんとわたし　なかよくあそびましょう　大きなバナナの木の下で

3歳児　保育指導案⑶⓪

5月10日水曜日　天気　晴れ	3歳児　れんげ組　男12人　女12人　計24人	
主となる活動：「おべんとうばこのうた」を歌う。		
現在の子どもの姿：新しいクラスにもすっかり慣れ，連休明けの疲れもとれてきた様子である。来週の遠足をとても楽しみにして，行き先やお弁当について話す姿が見られる。クラスの友達とも仲良く一緒に遊ぶ姿が増えてきている。	ねらい： ○おべんとうの材料をリズミカルな言葉で表現する楽しさを味わう。【言葉 1】 ○遊びを通してイメージを豊かにいろいろなお弁当の表現を楽しむ。【表現 3】	内容： ・『おべんとくん』の絵本を見る。 ・「おべんとうばこのうた」を歌う。 ・いろいろな動物のサイズに合わせて歌う。 ・「サンドイッチのうた」を歌う。

時間	環境構成	予想される子どもの姿・活動	保育者の援助や配慮
10：00	<保育室> ・絵本『おべんとくん』を用意する。 （ピアノ・保育者・子どもの配置図）	○保育者の話を聞く。 ・絵本『おべんとくん』を見る。 ・「お弁当が楽しみ」という声を上げる。 ・「こんなものを入れてほしい」という声も上がる。	・遠足のお弁当が楽しみという話をして，絵本『おべんとくん』を読む。 ・お弁当には何が入っているかとか，何を入れてほしいかといった話をする。
10：10	（ピアノ・保育者・子どもの配置図）	○「おべんとうばこのうた」を歌う。 ・振りをしながら「おべんとうばこのうた」を歌う。 ・「ぞうさんに作ってあげたい」「うさぎさんにつくってあげたい」などといった声を上げる。 ・いろいろな動物のサイズに合わせて「おべんとうばこのうた」を歌う。 ・ぞうは大きく，ありは小さくといった大小・強弱を楽しみながら歌う。	・「みんなでお弁当を作ろう」と話し，「おべんとうばこのうた」を一緒に歌う。 ・どんな動物にお弁当を作ってあげたいか聞いてみる。 ・ぞうには大きいおべんとうばこ，ありには小さいおべんとうばこ，うさぎの人参は大きくなど，それぞれの動物に合わせたお弁当作りを楽しむ。
10：20		○「サンドイッチのうた」を歌う。 ・サンドイッチの「おべんとうばこのうた」を歌う。 ・サンドイッチの材料を楽しみながら歌う。 ・両手を使う数字も保育者のまねをして挑戦する。	・サンドイッチのおべんとうばこの振付をみんなでゆっくり確認しながら歌う。 ・両手を使う数字のところはゆっくりしたテンポで歌う。
10：30	（ピアノ・保育者・子どもの配置図）	○活動を振り返る。 ・「遠足でおいしいお弁当が食べられるといいね」と話し合う。	・活動を振り返り，また歌おうと期待が持てるようにする。

おべんとうとちがうところ： サンドイッチサンドイッチ（両手を合わせサンドイッチをつくる）　からしバターに（バターを手の平にぬる）　マヨネーズぬって（マヨネーズをしぼる動作でぐるぐる）　レタスさん（手を0と3）　ハムさん（手を8と3）　きゅうりさん（手を9と3）　トマトさん（手を10と3）　ベーコン（あっかんべーをして　頭を手でコツン）

4歳児　保育指導案(31)

7月10日金曜日　天気　くもり	4歳児　ふじ組　男14人　女14人　計28人	
主となる活動：「アブラハムの子」のうたで体を動かす		
現在の子どもの姿：暑い日が続き，水遊びやプール遊びを楽しむ姿が見られる。準備体操などで体のあちこちを動かすことにも喜んで取り組んでいる。プール遊びでは顔つけやバタ足などをがんばって練習する姿も見られる。	ねらい： ○体の部分や左右も確認しながら，自分の体を十分に動かして運動する。【健康 2】 ○体の部分の名前を楽しんで覚え，表現する楽しさを味わう。【言葉 1】	内容： ・「アブラハムの子」を歌いながら体を動かす。 ・「おひさまクリーム」を歌いながら体を柔らかく動かす。

時間	環境構成	予想される子どもの姿・活動	保育者の援助や配慮
10：00	＜保育室＞ ・「アブラハムの子」と「おひさまクリーム」のCDを用意しておく。 [ピアノ／保／子どもたち整列図]	○保育者の話を聞く。 ・保育者の周りに集まる。 ・保育者と一緒に体のあちこちの部分の名前を確認する。 ・どちらが右でどちらが左かも考える。	・問題を出したりしながら，子どもたちと体のあちこちの名前を確認する。 ・右や左も確認する。その際，保育者は子どもの側から見ての右左になるよう気を付ける。
10：10	[ピアノ／保／子どもたち散らばり図]	○「アブラハムの子」を踊る。 ・いろいろな体の名前を確認しながら，楽しんで「アブラハムの子」の踊りを踊る。 ・右や左を強調しながら踊る。	・「アブラハムの子」の曲をかける。 ・体の部分や左右に気をつけられるよう言葉をかける。 ・元気に楽しめるよう一緒に踊る。
10：20		○「おひさまクリーム」を踊る。 ・「おひさまクリーム」の歌に合わせて体を動かす。 ・体の名前を口に出して確認する。 ・座って柔軟体操のようにもしてみる。	・「おひさまクリーム」の曲をかける。 ・今度は少ししっとりと柔軟体操の感じで踊れるようにする。
10：30	[ピアノ／保／子どもたち整列図]	○活動を振り返る。 ・体の名前を言ったり触れたりしながら活動を振り返る。 ・「また踊りたい」と話し合う。	・体の部分の名前をもう一度確認しながら活動を振り返る。 ・「またプールの準備体操などでも踊ってみよう」と話をする。

5歳児　保育指導案(32)

11月10日金曜日　天気　くもり	5歳児　うめ組　男16人　女14人　計30人	
主となる活動：リズム遊びをする。		
現在の子どもの姿：秋空のもと，元気いっぱいに外遊びをする姿が見られる。友達と一緒に力を合わせてルールのあるゲームなどをして遊ぶ姿も見られる。うまくいかない時もあるが，子どもたちだけで解決できてきている。	ねらい： ○身近な友達と息を合わせながら，リズム遊びを行うことで関わりを深める。 【人間関係 2】 ○リズム遊びの楽しさに気付き，いろいろなリズムに対して豊かな感性を持つ。 【表現 1】	内容： ・円になって座り，「うさぎとかめ」のリズム遊びをする。 ・「大きな栗の木の下で」のリズム遊びをする。 ・3拍子のリズム遊びをする。

時間	環境構成	予想される子どもの姿・活動	保育者の援助や配慮
10:00	<保育室> ・「うさぎとかめ」と「大きな栗の木の下で」，「ぞうさん」のCDを用意しておく。(ピアノ伴奏でもよい) ・タンバリンとすずを15ずつ用意する。(カスタネットでも代用可)	○保育者の話を聞く。 ・円になって座り，保育者の話を聞く。 ・隣の友達の肩を軽くたたく練習をする。	・円になって椅子に座れるよう言葉をかける。 ・隣の友達の肩をたたく練習をしてみる。 ・あまり強くたたかないよう言葉をかける。
10:10	[図：ピアノと保育者を囲む円になった子どもたちの配置図]	○「うさぎとかめ」のリズム遊びをする。 ・「8拍，8拍，4拍，4拍，2拍，2拍，1拍，1拍，手拍子」のだんだん減っていくリズムを数えながら感じる。 ・数えながら音楽に合わせ友達の肩をたたく。 ・間違ったりもしながら楽しそうに取り組む。	・右に8拍，左に8拍，右に4拍，左に4拍，右に2拍，左に2拍，右に1拍，左に1拍，最後は拍手の説明をして練習をする。 ・音楽をかけて(あるいはピアノ伴奏をし)，実際にしてみる。 ・慣れてきたら少し速くしたりもしてみる。
10:20		○「大きな栗の木の下で」のリズム遊びをする。 ・音楽が変わるが，数えながら友達の肩をたたく。 ・速くなってもしっかり数えながら楽しんで取り組む。	・「大きな栗の木の下で」の音楽をかける。(あるいはピアノ伴奏をする) ・慣れてきたら少し速くするなどしてみる。
10:30		○タンバリンとすずでリズム遊びをする。 ・「うさぎとかめ」・「大きな栗の木の下で」の音楽に合わせて，タンバリンとすずを演奏する。 ・タンバリンとすずの順番を交代する。	・半分ずつタンバリンとすずを持てるようにする。 ・タンバリンが先，すずがあとなどと決めて，リズム遊びをする。
10:40		○タンバリンとすずで3拍子のリズム遊びをする。 ・3拍子の音楽に合わせてリズム遊びをする。 ・タンバリンとすずに分かれて演奏することで3拍子のリズムを感じる。 ・楽器を片付ける。	・タンバリンが1拍め，すずが2・3拍めなどと決めて，「ぞうさん」の音楽に合わせリズム遊びをする。交代もする。 ・3拍子のリズムに親しみ，3拍子を感じられるように援助する。 ・リズム遊びを振り返り，決まった場所に楽器を片付けられるよう言葉をかける。

2．じゃんけん遊び

① この遊びの楽しさ

　大人でも誰がその役を担当するのか迷って決まらず，じゃんけんやくじびきをして決めたりすることがありますね。大人の場合，じゃんけんは，誰もが納得するよう公平に決めたい時に用います。でも子どもの場合は少し違います。

　年長児くらいになると，じゃんけんで解決できる場合もありますが，年少児だとそう簡単にはいきません。低年齢の子どもは，じゃんけんで遊ぶことはできても，勝ち負けを理解しきれていないため納得できず，かえってこじれてしまう場合もあります。この点，配慮が必要です。

　一方，じゃんけんだけで楽しく遊ぶことができるのも子どもです。「じゃん・けん・ぽん」という合図に合わせて，友達や保育者と一緒にグーやチョキ，パーの手を出してみるだけでもすごく楽しみます。グー・チョキ・パーの手の形を使った手遊びも喜んでやろうとしますし，何回も繰り返して遊ぼうとします。そうした幼児期ならではの，じゃんけん遊びの楽しさを満喫できるようにしてあげたいですね。

② 年齢に応じたポイント

年齢	じゃんけん遊びの「楽しさ」のポイント
2歳児	・まだ勝ち負けは理解することが難しい。 ・手や体でグー・チョキ・パーの形を作って遊ぶことが楽しい。 ・友達や保育者と同じ手が出るあいこが楽しい。
3歳児	・少しずつじゃんけんの勝ち負けがわかってくるが，「○ちゃんはグーだったから勝ちね。△ちゃんはチョキだったから負けだね」など，第三者による勝ち負けの判定と解説が必要となる場面が多い。 ・「じゃんけんぽん」という合図に合わせて，手を出すことが楽しい。 ・「かもつれっしゃ」など，じゃんけんを取り入れた遊びが楽しい。
4歳児	・じゃんけんのルールを理解し，負けた時の気持ちも受け止められるようになる。 ・鬼ごっこの鬼をじゃんけんで決めるなど，じゃんけんの勝敗を自分で理解して遊びに取り入れることが楽しい。
5歳児	・じゃんけんのルールを理解し，生活や遊びの中でじゃんけんを使いこなして楽しむことができる。 ・順番を決めたりする時にじゃんけんを用いたりすることが楽しい。 ・「新聞紙じゃんけん」・「陣取り」など，瞬時にじゃんけんの勝敗を判断して動く遊びが楽しい。

2歳児　保育指導案(33)

10月30日月曜日　天気　晴れ	2歳児　すずらん組　男14人　女14人　計28人	
主となる活動：じゃんけん遊びをする。		
現在の子どもの姿：運動会が終わり，自信がつき，いろいろなことを自分でしたいという意欲が育ってきている。気候もよく，元気に遊ぶ姿が見られる。運動会でしたおゆうぎやゲームも発展させ，楽しんでいる。	ねらい： ○身近な人とじゃんけん遊びを楽しみ，関わりを深め，愛情や信頼感を持つ。【人間関係 2】 ○自分の体を十分に動かし，じゃんけん遊びを楽しむ。【健康 2】	内容： ・『うずらちゃんのかくれんぼ』の絵本を見る。 ・じゃんけんの話を聞いてじゃんけん遊びをする。 ・足じゃんけんの話を聞いて足じゃんけん遊びをする。

時間	環境構成	予想される子どもの姿・活動	保育者の援助や配慮
10:00	<保育室> ・『うずらちゃんのかくれんぼ』の絵本を用意する。 ・広いスペースをとる。	○保育者の話を聞く。 ・保育者の周りに集まる。 ・「ぐーちょきぱー」の手遊びをする。	・みんなが落ち着いて集まるまで「ぐーちょきぱー」の手遊びをする。
10:10	(ピアノと保育者・子どもの配置図)	○『うずらちゃんのかくれんぼ』の絵本を見る。 ・うずらちゃんとひよこちゃんをさがしながら絵本を見る。 ・うずらちゃんやひよこちゃんを見つけて喜ぶ。	・『うずらちゃんのかくれんぼ』を読む。 ・うずらちゃんとひよこちゃんを見つけたい気持ちを受けとめながら読む。
10:20		○じゃんけん遊びをする。 ・保育者とじゃんけん遊びをする。 ・じゃんけんぽんの言葉に合わせて「ぐー」「ちょき」「ぱー」を選んで出す。	・石ははさみで切れないなどじゃんけんの由来について話をする。 ・勝ち負けより，上手に「ぐー」「ちょき」「ぱー」が出せることを大切にする。
10:30		○足じゃんけんで遊ぶ。 ・保育者と一緒に「ぐー」「ちょき」「ぱー」の足の形を試す。 ・じゃんけんぽんの言葉に合わせて足で「ぐー」「ちょき」「ぱー」を選んで出す。 ・いろいろな形のじゃんけんを出して喜ぶ。	・広いスペースで遊べるようにする。 ・足じゃんけんの足の形を説明する。 ・子どもたちと足の形を何度か練習する。 ・手のときより「じゃんけんぽん」をゆっくりしたテンポで言う。 ・勝ち負けより上手に出せたことを大切にする。
10:40		○楽しかったことを振り返る。 ・手のじゃんけんも足のじゃんけんも楽しかったことを振り返る。	・上手にじゃんけん遊びができたことを振り返り，「また遊ぼう」と話す。

3歳児　保育指導案(34)

10月30日水曜日　天気　晴れ	3歳児　さくら組　　男14人　女14人　計28人	
主となる活動：かもつれっしゃじゃんけん遊びをする。		
現在の子どもの姿：過ごしやすい気候のもと，外遊びを楽しむ姿が見られる。まつぼっくりやどんぐりをひろったり，落ち葉を集めたりすることにも興味を示し，秋の遊びを楽しんでいる。秋の歌もたくさん覚え，元気に歌っている。	ねらい： ○明るく伸び伸びとかもつれっしゃじゃんけんをし，充実感を味わう。【健康 1】 ○身近な友達とじゃんけん遊びを楽しみ，関わりを深める。【人間関係 2】	内容： ・園庭でかもつれっしゃじゃんけん遊びをする。 ・何度か繰り返して遊ぶ。

時間	環境構成	予想される子どもの姿・活動	保育者の援助や配慮
10：00	<園庭（あるいはホール）> 「かもつれっしゃ」のCDがあれば用意しておく（なければみんなで歌う）。	○保育者の話を聞く。 ・園庭に出て，保育者の周りに集まり，話を聞く。 ・何度かじゃんけんのリハーサルをする。	・靴や服装が整っているか（危険がないか）確認する。 ・保育者とじゃんけんの練習をする。
10：10		○かもつれっしゃじゃんけん遊びをする。 ・「かもつれっしゃしゅっしゅっしゅ，いそげいそげしゅっしゅっしゅ，こんどのえきでしゅっしゅっしゅ，つもうよにもつがっしゃん♪」と歌い，がっしゃんでじゃんけんをする相手を見つける。 ・相手が見つかったら，保育者のかけ声でじゃんけんをする。 ・じゃんけんに負けた子は勝った子の後ろについて，もう一度再開する。（列がどんどん長くなっていく）	・「かもつれっしゃ」の曲をかける。 ・「かもつれっしゃ」の歌を歌いながら，列車のように自由に動けるよう言葉をかける。 ・がっしゃんのところで，相手が見つかるよう援助する。 ・相手が見つかってから「じゃんけんぽん」の声をかける。 ・負けた子が勝った子の後ろにつながれるよう援助する。
10：15		○繰り返して遊ぶ。 ・1列の長い列が出来たら，もう一度バラバラになり，繰り返して遊ぶ。	・じゃんけんの相手が見つかるよう援助し，見つかってから「じゃんけんぽん」の声をかける。
10：40		○楽しかった遊びを振り返る。 ・長い列ができ，楽しかったことを振り返り，保育室に戻る。	・楽しくじゃんけん遊びができ，上手につながって長い列車が出来たことを振り返る。 ・かもつれっしゃのうたを歌いながら保育室に戻ってもよい。

4歳児　保育指導案(35)

10月30日木曜日　天気　晴れ	4歳児　すみれ組　男15人　女15人　計30人

主となる活動：うずまきじゃんけん遊びをする。

現在の子どもの姿：運動会での競技遊びがとても楽しかったようで，園庭で楽しく遊ぶ姿が見られる。友達と一緒に相談しながら遊びが発展していく様子も見られる。時にうまくいかないときもあるが，自分たちで話し合い，解決できるようにもなってきた。	ねらい： ○うずまきじゃんけん遊びを通して自分の体を十分に動かし，進んで運動しようとする。【健康 2】 ○ルールを守って楽しく遊ぶ。【人間関係 3】	内容： ・線の上を両端から進み，出会ったところでじゃんけんをする。 ・うずまきじゃんけん遊びをする。

時間	環境構成	予想される子どもの姿・活動	保育者の援助や配慮
10:00	<園庭> ・地面に直線や波線を5～6本描く。	○保育者の話を聞く。 ・園庭に出て，保育者の周りに集まり，話を聞く。 ・直線や曲線を確認し，じゃんけん遊びの見本を見て理解する。	・靴や服装が整っているか（危険がないか）確認する。 ・直線や波線を描き，見本を示してみせ，説明する。
10:10		○線の上でじゃんけん遊びをする。 ・各線の両端に3人ずつくらい並び，順番にスタートし，出会ったところでじゃんけんをする。負けたチームの次の子がスタートし，出会ったところでじゃんけんをする。端まで到達したらまた後ろに並ぶ。 ・違う線に並ぶ子もいる。	・各線おおよそ同じ人数になるように言葉をかける。 ・ルールに慣れるまで，困っている子には助言する。 ・負けた子には再度並ぶよう言葉をかける。 ・人数が少なそうなところに並ぶよう助言する。
10:20	・大きなうずまきを2～3箇所に描く。	○大きなうずまきでじゃんけん遊びをする。 ・うずまきを使ってじゃんけん遊びをする。 ・負けた子はもう一度並ぶ。 ・端までゴールできたら，みんなに拍手をしてもらう。	・人数がおおよそ均等になるよう言葉をかける。 ・先ほどより距離が長いので，端まで到達できたらみんなで拍手をする。
10:40		○じゃんけん遊びを振り返る。 ・楽しかったじゃんけん遊びを振り返り，感想を話し合う。 ・気持ちを落ち着けて保育室に入る。	・楽しかったじゃんけん遊びを振り返り，「また遊ぼう」と話をする。 ・手を洗って保育室に入るよう言葉をかける。

5歳児　保育指導案(36)

10月30日金曜日　天気　晴れ	5歳児　ゆり組　男12人　女12人　計24人	
主となる活動：じゃんけんゲームをする。		
現在の子どもの姿：年長としての自覚が育ち，早くも就学を意識した言動が見られ，年少の子どもたちにも親切に接している。クラスでも，グループで話し合ったり，当番活動をしたり，友達と力を合わせて行動することが増えてきている。	ねらい： ○明るく伸び伸びと行動し，元気にじゃんけん遊びを楽しむ。【健康 1】 ○ルールに則って遊び，社会生活における望ましい態度を身に付ける。【人間関係 3】	内容： ・グループで話し合って門番を決める。 ・じゃんけんゲームでグループで競争する。

時間	環境構成	予想される子どもの姿・活動	保育者の援助や配慮
10：00	<園庭> ・スタート線を書き，旗（あるいはコーン）を4本立てる。	○保育者の話を聞く。 ・園庭に出て，保育者の周りに集まり，話を聞く。	・危険がないよう靴や服装が整っているか確認する。
10：10		○じゃんけんゲームの門番を決める。 ・4グループに分かれて並ぶ。 ・各グループで話し合い，門番を一人決める。	・4つのグループに分かれるよう言葉かけをする。 ・各グループ一人ずつ門番を決められるよう必要であれば援助する。
10：20		○じゃんけんゲームをする。 ・門番が旗（あるいはコーン）の前に立ち，スタートする。 ・一人ずつ門番のところまで走り，じゃんけんをする。勝ったら次の子とタッチをして交代，負けたらスタートに戻ってもう一度門番とじゃんけん（勝つまで）をする。 ・全員が終わったら座って待つ。 ・1位のチームからばんざいをする。 ・門番を選びなおし，ゲームを再開する。	・スタートの合図を出す。 ・スムーズにゲームが進められるよう最初は言葉をかける。 ・1位から4位までを発表し，ばんざいと拍手をする。 ・負けてくやしい子がいたら言葉をかける。 ・門番を選ぶ際，必要なら援助する。 ・スタートの合図を出す。
10：40		○遊びを振り返る。 ・グループで力を合わせたところや難しかったことなどを発表しあう。	・楽しかった遊びを振り返り，グループで上手にできたところを褒める。

第10章　うた・リズム・じゃんけん遊びの保育指導案実例

第11章

異年齢保育の保育指導案実例

※本書では，すべての指導案に，【健康 2】あるいは【人間関係 2】のように，保育所保育指針・幼稚園教育要領にある領域とねらいの番号（内容の番号ではなく，ねらいの番号）を青色で記載しています。本書は，保育指導案を書く際に，保育のねらいをしっかり立てることを大事なコンセプトにしています。ですから，すべての保育指導案についてそのねらいが，保育所保育指針・幼稚園教育要領のどこに記されているのかがわかるように，敢えて記載しています。

その他，造形遊びの出来上がりイメージ図や事前の準備についても通常，保育指導案には書かないように言われていると思いますが，これもみなさんにイメージが伝わるようにと，敢えて載せています。

みなさんは，これら青で記されている個所は，実際の保育指導案には書かないようにしてください。

第11章では

　保育園や幼稚園の中には，同じ年齢の子どもだけでクラスを構成するのではなく，異なった年齢の子どもたちでクラスを構成して保育を行うことがあります。それを異年齢保育といいます。園によっては「異年齢児保育」，「縦割り保育」，「混合保育」などというところもあります。

　普段はそれぞれの年齢に分かれた同年齢保育を行っていても，夏休み期間など子どもが少ない場合だけ，異年齢保育になる場合もあります。

　それ以外にも，様々な行事やお誕生日会，お楽しみ会など，全園児を一つの場所に集めて行う集会もよく催されますね。異年齢保育には，年齢の異なる子どもが，一緒に遊んだり，活動することによって生まれる教育的な意義がたくさんあります。

　ただ，実際に異年齢保育や園全体のお楽しみ会を任されたフレッシュ保育者は，異年齢保育の意義が理解できたとしても，具体的にどのような保育をすればよいのか，困ってしまうことが少なくないものです。

　そこで本章では，異年齢保育のメリットと指導案作成のポイントを示した上で，保育指導案を紹介します。

1．異年齢保育のメリットと保育指導案作成のポイント

(1) 異年齢保育のメリット

　異年齢保育のメリットとして，まず年長児が年下の子どもに遊び方を教えたり，年下の子どもから「教えて」などと言われると，自分は必要とされていると感じ，年長児に自己肯定感が育つ点が挙げられます。

　普段は腕白で，同年齢の子どもを泣かせることもある年長児が，こま回しをしているところを見た年少児から，「すごーい」「上手！」「ぼくもやってみたい」とせがまれて得意満面になっている姿は子どもらしくて，思わず保育者の間からも笑みがあふれます。格好をつけながら何度もこまを回して見せたり，年少児にこま回しを教えてあげようと飽きずにこまにひもを巻いてあげるなど，甲斐甲斐しい姿は見ていてほほえましく思えます。

　年下の子どもに伝わるように，いつもより優しく丁寧に話したり，年下の子どもが転んだり泣いたりした時に優しく慰めるなど，年長児に思いやりや愛情が育つという点も異年齢保育のメリットとして期待できます。

一方，年少児にとっての異年齢保育のメリットは，運動遊びや造形遊びなどを通じて年長児の姿を見ることで，自分もやってみたい，あんなふうになりたいと感じることです。実際に，年長児のまねをすることで，同年齢の子どもといる時には，できなかったことができるようになることもあるのです。

　さらに，同年齢集団ではなかなか仲間に入れない子どもでも，年長の子どもに誘ってもらったり，年少の子どもを誘うことで，自然に仲間と遊ぶ場面が出てきたりします。

　異年齢保育を行う際は，以上のようなメリットがうまく引き出せるような内容を考えるとよいですね。

　それでは，実際に異年齢保育の保育指導案を作成していく際に，留意する点を挙げてみましょう。

(2) 異年齢保育の保育指導案作成のポイント
①発達に差があっても楽しめるか

　異年齢の子どもには，体力や運動能力などの身体的な発達や，遊び方やルールの理解など知的な発達に大きな違いがあります。このため，遊びの題材を考える場合には，まずは，異なった年齢の子どもが混じって遊んでも，大きな怪我に結びつかないよう安全面に配慮したものを考えましょう。

　また，発達に差があることを生かして，互いがより楽しめるように計画するとよいですね。たとえばかけっこであれば，ただ走るだけではなく，年長と年少の子どもが補い合って，協力し合って楽しめるようなかけっこにするとよいですね。手をつないで走るだけではなく，何かを一緒に運ぶ，年上の子どもに手をつないで支えてもらって年下の子どもが平均台を渡る，年上の子どもがフープを持って年下の子どもがそのフープをくぐるなど，体力や運動能力の差を補い合って，互いに楽しめるような内容にするとよいでしょう。

　造形遊びであれば，発達の差を活かす方法として，年長児と年少児が作業をあらかじめ分担して行う方法と，両者が一緒に協力して行う方法とがあります。作業を分担して行う方法とは，年上の子どもが少し難しい部分の作業を請け負って，年下の子どもは簡単な作業をするように役割を分担する方法です。一方，協力して行う方法とは，年上の子どもに教えてもらいながら年下の子どもにとっては少し難しい作品を一緒に作る方法です。いずれにしても，お互いに力を補い合いながら一緒に楽しめるとよいですね。

②お互いにリードする喜びとフォローされる安心感があるか

　年長児にとっては年少児をリードする楽しさや満足感，年少児にとっては年長児にリードしてもらったり，フォローされる安心感が得られる内容となっているか確認しましょう。

年長児には年少児をリードする喜びを

　たとえば年長児が年少児に，ペットボトルボーリングの遊び方を教える場面を想像してみましょう。ボーリングのピン代わりのペットボトルをできるだけたくさん倒すためには，まっすぐボールを転がさなければなりません。でもまだ，年少児はそれがうまくできず，なかなかペットボトルにボールを当てることができません。

　それを見た年長児は，ボールの転がし方，たくさんのペットボトルを倒すためのねらいの定め方など，楽しく遊ぶためのコツを年少児に教えようとします。年長児は，コツをうまく伝えるために，年少児の反応を注意深く見ながら，言葉を選んで，年少児にわかるように説明しようとします。強い口調で言えば，年少児は泣いたり，やりたくないなどと言い出すかもしれません。

　さらに，言葉で説明するだけでなく，身ぶり手ぶりを交えたり，手取り足取り教える必要も出てくるでしょう。そうやって教えて，年少児が上手にペットボトルボーリングをできるようになった時は，年長児の心に大きな達成感と満足感が生まれます。

　このように，年長児は，異年齢保育において，自分とは知的理解力も身体的能力も違う他者に，わかるように説明することの難しさと達成感の両方を体験することになります。それが成長のきっかけにもなりますし，異年齢保育の目的もまさにそこにあるといえるでしょう。

年少児には年長児にフォローされる安心感を

　年少児にとって，初めて行う「ボーリング」という遊びはちょっと難しいかもしれません。一人だったら「できない」と諦めてしまうかもしれませんが，年長児にコツを教えてもらいながらやってみることで，安心してチャレンジすることができます。

　年少児に合わせて少しゆっくり進行したり，やり方がわからなくて右往左往している年少児に「こっちだよ」と年長児が手を引いて遊びに入れてあげるなどするのも年少児に安心感がもたらされるのでよいですね。年少児に年長児からのフォローが得られるような遊びの題材や遊び方を考えるとよいでしょう。

　異年齢保育では，どのような遊びの題材を選ぶとしても，事前に安全に遊べるような環境設定を保育者が行うことが大前提です。その上で，年長児へは年少の子どもへのフォロ

ーを促し，年少の子どもへは，お兄さん・お姉さんについていくことを促すなど，両者に配慮するよう心がければ，きっとうまくいくはずです。

 ベテラン先生のワンポイントアドバイス

実習中，ホールや多目的室などで行う，みんなが集まった時の出し物などを頼まれたら次のようなことに気をつけましょう。

①**見える・聞こえる！**

たくさんの子ども達が集まりますので，みんなに「見える」「聞こえる」工夫をしましょう。いつもの保育室と同じ保育ではいけません。例えば，保育室では絵本や紙芝居を読みますが，人数が増えると大型絵本や大型紙芝居を利用し，可能であればマイクを使ったりもします。どんな楽しい出し物も，見えなかったり聞こえなかったりしたら意味がないので，みんなに見えるよう，聞こえるよう工夫して準備しましょう。

②**みんなにわかる！**

パネルシアターをしたりする時に，難しすぎると小さな年齢の子がわからなかったり，あんまり易しすぎると年長児が退屈だったりしますね。どの年齢の子ども達も楽しめるような題材を選びましょう。うたを歌うときも，それぞれの保育室で今どんなうたを歌っているか教えてもらっておくと，みんなで楽しく歌えますよ。

③**待ち時間の準備もしよう！**

全員がそろうまでの待ち時間など，ぽっかり空いた時間にちょっと楽しめる手遊びやなぞなぞ，お話などを前もって考えておくとよいでしょう。何も用意しておかないと，子ども達が退屈して大騒ぎになってしまうこともあります。どんな時でもちょっとした「持ちネタ」があると便利ですよ。

異年齢クラス（2～5歳児）　保育指導案㊲

11月10日火曜日　天気　晴れ		2～5歳児　さくら組　男12人　女12人　計24人（各年齢6人ずつ）	
主となる活動：異年齢混合リレーをして遊ぶ。			
現在の子どもの姿：秋空のもと、元気に戸外遊びを楽しむ姿が見られる。運動会で経験した競争やゲームなどを友達と一緒に楽しんだり、年少の子どもたちにもできるように工夫しながら一緒に取り組んだりする姿も見られる。		ねらい： ○自分の体を十分に動かし、リレー遊びを楽しむ。【健康 2】 ○年齢の違う友達と親しみ、関わりを深め、信頼感を持つ。【人間関係 2】 注：青色の部分は、決して実際の保育指導案には書かないようにして下さい。すべての指導案について同様です。	内容： ・年長児がリードして異年齢で二人組を作り、さらに2チームに分かれる。 ・リレー遊びをする。
時間	環境構成	予想される子どもの姿・活動	保育者の援助や配慮
10：00	<園庭・ホール> ・リレーのバトンを用意しておく。（まるいバトンがあると小さな子でも持ちやすい） ・トラックのカーブ地点にコーンを立てる。 ・スタートラインを引く。 ・走り終わったら並べるよう旗を2本立てる。 ・あればアンカーベストを用意する。	○園庭（ホール）に集合する。 ・保育者のところに集まる。 ・年長の子どもは低年齢児に集まれるよう声をかけたり、手伝ったりする。	・保育者のところに集まるよう声をかける。 ・外遊び用の帽子をかぶり、左右間違えずに靴を履き替えられるよう言葉をかける。
10：10		○チーム分けをする。 ・4～5歳児と2～3歳児がペアを組めるよう2人組を作って手をつなぐ。 ・2人組が6ずつ集まり、赤チームと白チームに分かれる。 ・白チームは外遊び用の帽子を裏返してかぶる。 ・（あれば）アンカーはアンカーベストを着る。	・年長の子どもと年少の子どものペアが組めるよう、見守りながら言葉をかける。 ・2人組が出来たら、さらに2チームに分かれられるよう言葉をかける。 ・それぞれのチームに「赤チーム」「白チーム」ということを知らせる。
10：20	・先頭の子が赤白のバトンを持つ。	○異年齢混合リレーをして遊ぶ。 ・走る順に並んで座って待つ。 ・走る順が来たらスタートラインに立つ。 ・年少の子どもがリレーバトンを持つ。 ・年少の子どもと手をつなぎ、転んだりしないように見守りながら走る。 ・走り終わりバトンを次のペアに渡したら、旗のところで応援する。	・年少の子どもの方がインコースを走るよう並ぶ時に言葉をかける。 ・順番が来たら知らせる。早い方のチームがインコースのスタートラインに立てるようにする。 ・年少の子どものペースに合わせて走れるよう言葉をかける。 ・走り終わったら旗のところで待てるようにする。
10：30		○楽しかったリレーを振り返る。 ・勝ったチームはばんざいをする。 ・リレーを振り返り、またしようと話す。	・勝ったチームを発表し、みんな頑張ったねと話す。 ・また遊ぼうねと話す。

異年齢クラス（3～5歳児）　保育指導案㊳

6月10日月曜日　天気　晴れ	3～5歳児　すみれ組　男12人　女12人　計24人（各年齢8人ずつ）

主となる活動：新聞紙をつないで遊ぶ。

現在の子どもの姿：梅雨の時期だが，雨の日が少なく，外で元気に遊ぶ姿が見られる。友達同士で協力して遊ぶ姿も多く見られるようになり，年少の子どもが困っている時など年長の子どもが自然に手助けすることがとても増えてきた。	ねらい： ○新聞紙の道作りを通じて友達と力を合わせ，関わりを深める。【人間関係　2】 ○できあがった道を道路や線路などに見立てて遊ぶことを通じて，身近な環境を遊びに取り入れようとする。【環境　2】	内容： ・新聞紙をどんどんつないで楽しむ。 ・出来上がった道の上をなぞったり，通ったりして遊ぶ。

時間	環境構成	予想される子どもの姿・活動	保育者の援助や配慮
10：00	＜保育室・保育室前の廊下＞ ・新聞紙を適度な大きさ（目安20センチ前後）の四角・長四角に切っておく。（きっちり切らなくてよい。いろいろな大きさでも可）かごなどに入れて，何箇所かに分けて置いておく。 ・セロテープ台（危険のないもの）を子どもの椅子に固定して5～6台用意しておく。	○保育者の話を聞く。 ・セロテープ台の使い方を聞いて，使い方の約束をする。 ・保育者が新聞紙をつなぐ様子を見て期待を膨らませる。	・セロテープ台の使い方を説明し，危険のないよう使い方のルールを約束する。 ・保育室の真ん中から見本として新聞紙をつなぎ始める。
10：10	（図：セロテープを固定した椅子、新聞紙の入ったかご、保）	○新聞紙をつないで遊ぶ。 ・セロテープを切って新聞紙をつないでいく。 ・年少の子どもには年長の子どもがセロテープを切って手渡す。 ・床だけでなく，ロッカーや壁などにもつなげて広げていく。 ・部屋の中が道でいっぱいになったら，廊下にも道を広げていく。 ・相談しながら立体的に道を広げていく。	・新聞紙の入ったかごとセロテープ台を固定した椅子を適当な場所に置く。 ・床がうまってきたら，ロッカーや壁などセロテープがついても大丈夫なところにも立体的に広げていけるよう言葉をかける。 ・（廊下を使っても大丈夫なら）廊下にも道を広げていけるよう言葉をかける。 ・新聞紙・セロテープが足りなくなってきたら補充する。
10：30		○つながった道で遊ぶ。 ・つながった道をなぞったり，歩いてみたりして遊ぶ。	・保育室に小さな車やぬいぐるみなどがあれば出してもよい。
10：40	（図：保）	○楽しかった活動を振り返り，道を片付ける。 ・出来上がった道を見ながら楽しかった活動を話し合う。 ・新聞紙を集め，ポリ袋に片付ける。	・素敵な道がたくさんつながったことを話す。 ・ポリ袋を数枚出し新聞紙を片付ける。セロテープもきれいにはがせるよう言葉をかける。

第11章　異年齢保育の保育指導案実例

異年齢クラス（3～5歳児）　保育指導案㊴

3月6日水曜日　天気　晴れ	3～5歳児　うめ組　男15人　女15人　計30人（各年齢10人ずつ）	
主となる活動：郵便ごっこをする。		
現在の子どもの姿：卒園・進級を間近に控え，卒園式の練習などにも一生懸命取り組んでいる。同年齢の友達とも仲良く遊んでいるが，年長児が小さな年齢の子の世話を進んで行い，おもちゃなどを用意して一緒に遊ぶ姿も見られる。	ねらい： ○郵便遊びをすることで，身近な人に親しみの気持ちを持つ。【人間関係 2】 ○感じたことや考えたことを手紙に書いて相手に届けることを楽しむ。【表現 2】	内容： ・身近な人に手紙を書く。 ・切手に絵や値段を書いて貼る。 ・ポストに出す。 ・手紙を配達する。

時間	環境構成	予想される子どもの姿・活動	保育者の援助や配慮
10:00	＜保育室＞ ・適当な大きさの画用紙（うすい色）を用意しておく。 ・上の画用紙に貼る切手（いろいろな色）をピンキングはさみで切っておく。 ・段ボールで赤いポストを作っておく。（取り出し口もつくる） ・半分に切った封筒とすずらんテープなどで人数分の郵便屋さんバッグを作っておく。 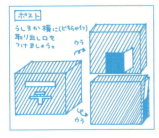 出来上がりイメージ図	○保育者の話を聞く。 ・それぞれの椅子に座り，保育者の話を聞く。 ・誰に手紙を書きたいか考える。	・郵便屋さんや手紙や切手の話をする。 ・友達や家族，他のクラスの先生などに書いてもよいと話をする。
10:10		○手紙を書く。 ・1枚ずつ画用紙をもらい手紙を書く。 ・1色で書いたり，いろいろな色を使って書いたりする。 ・字ではなく絵を描く子もいる。 ・宛名と自分の名前も書く。年少児で字がまだ書けない子は年長児が想いを聞いて書く。	・最初の1枚目の画用紙は配る。 ・切手と2枚目以上書きたい人用の画用紙は，前に郵便屋さんコーナーを作り，自由に取れるよう置いておく。 ・宛先，差出人がわかるように書くよう言葉をかける。
10:30		○切手を貼って投函する。 ・切手を取ってきて絵や値段を書いて貼る。 ・できあがったらポストに投函する。 ・また書きたい子は新しい画用紙を取りに行く。	・戸惑っている子がいれば言葉をかける。 ・切手を複数枚とってきてもよい。 ・ポストに投函された手紙を差出人が届けられるよう，差出人のロッカーの上などに分けておく。
10:40		○ポストの手紙をもらい配達する。 ・それぞれが書いた手紙を郵便屋さんバッグに入れる。 ・宛先が同じクラスの友達の手紙から配達する。 ・全員で一緒に園内を歩き，各部屋で宛先がある子は配達していく。 ・保育室に戻り，もらった手紙と家族宛の手紙を持ち帰られるよう郵便屋さんバッグに入れる。	・郵便屋さんバッグを配り，それぞれが書いた手紙をバッグに入れるよう促す。 ・友達や他のクラスの先生など，それぞれが書いた宛先に届くよう援助する。 ・郵便屋さんバッグともらった手紙などをそれぞれが間違いなく持ち帰ることができるようにする。

事前の準備

2．集会の保育指導案の作成ポイントと実例

(1) 集会の意義

　幼稚園や保育園では，毎月のように全園児が集まる「集会」があります。たとえば，5月であれば「子どもの日」集会，7月は「七夕」集会，12月には「クリスマス」集会など，季節の行事にちなんだ集会はほとんどの園で行われます。その月に生まれた友達をみんなでお祝いする「お誕生会」を，集会として行う園も多いようです。

　子どもたちは，このような集会をとても楽しみにしています。3歳児くらいになると，「今日はお誕生会で楽しいことがあるんだよ」と朝から張り切って，わくわくしながら登園してきます。

　このような集会では，異年齢で構成された大人数の子どもたちが一緒に楽しめる内容を選びましょう。集会のテーマに合ったパネルシアターや大型絵本，人形劇や影絵なども，子どもたちが見て楽しむのによいですし，子どもたち全員で取り組むゲーム遊びなども楽しいですね。

　比較的時間を長く取ってある場合は，パネルシアターとゲーム遊びを組み合わせてもよいでしょう。人数が多くなると，落ち着きがなくなり収拾がつかなくなってしまうことがありますので，導入やまとめ方には一層の工夫が必要です。

(2) 集会の保育指導案作成のポイント

場面	ポイント	例
導入	各年齢やクラスの子どもが入場を完了するまで落ち着いて待てる導入にするとよい。 すぐに終わらせることができるとともに，逆にいくらでも時間を引き延ばせるような，時間調節ができる内容の導入を選ぶとよい。	・手遊び「はじまるよ」は，すぐに終わってしまい，時間調整できないので適さない。 ・体遊び「おちたおちた」は，何を落とすか，次々に変化させていけば飽きずに子どもたちも待てるので適している。 ・手遊び「頭の上でぱん」は，「ぱん」（手拍子）で遊び，「ちょん」（人差し指）で遊び，速くして遊び，遅くして遊び，「ぱん」を「ぱんぱん」と二回打ったり，「ちょん」を「ちょんちょん」と二回打ったり，それを速く（遅く）したりと，かなりのバリエーションが考えられるので適している。
まとめ	クールダウンさせ，落ち着いて，スムーズにテンポよく退場できるようにする。	・最後は静かに落ち着けるようなまとめを考える。 ・CDなどで，退場の時にテンポよく歩ける童謡などを流すと，押しあったりせず，スムーズに各クラスへ帰って行くことができる。

異年齢クラス 集会（3〜5歳児）保育指導案⑽

7月18日金曜日　天気　晴れ	3歳児　20人　　4歳児　22人　　5歳児　24人 男33人　女33人　計66人	
主となる活動：風船おくりゲームをする。			
現在の子どもの姿：暑い日が続いているが，元気に登園し，友達とも楽しく遊んでいる。もうすぐ始まる夏休みを楽しみに待つ姿が見られる。こまめに汗を拭いたり，水分補給をしたりなど，夏の過ごし方も学んでいる。	ねらい： ○グループごとに力を合わせ，関わりを深め，信頼感を持つ。【人間関係 2】 ○掛け声や言葉を用いながら風船を送り，伝え合う喜びを味わう。【言葉 2】	内容： ・ホールに集まる。 ・園長先生（主任の先生）の話を聞く。 ・風船おくりゲームをする。

時間	環境構成	予想される子どもの姿・活動	保育者の援助や配慮
9：50	<ホール> ・マイク ・風船を7個（1つは見本用）	○ホールに集まる。 ・クラスごとに並んでホールまで移動する。 ・全員が集まるまで手遊び「あたまのうえでぱん」をして待つ。	・そろったクラスから座って待てるようにする。 ・全員がそろうまで静かに待てるよう「あたまのうえでぱん」の手遊びをして待つ。
10：00		○園長先生（主任の先生）の話を聞く。 ・みんなで朝の挨拶をする。 ・夏休みの過ごし方などについて園長先生（主任の先生）の話を聞く。	・ピアノの合図で立って朝の挨拶をする。 ・お話をする先生にマイクを用意し，静かに先生の話を聞けるようにする。
10：10		○風船おくりゲームをする。 ・6列に並んでいるので横の間隔をとる。 ・保育者が見本として行う頭の上から風船をおくる方法を見る。 ・それぞれの列の前の子が1つずつ風船をもらう。 ・スタートの合図で風船おくりゲームをする。 ・勝ったチームはばんざいをする。 ・保育者が見本として行う股の下から風船をおくる方法を見る。 ・スタートの合図で風船おくりゲームをする。 ・勝ったチームはばんざいをする。	・各クラス2列ずつに並んでいるので，そのまま6チームを作れるよう間隔をあける。 ・保育者が前で数人で頭の上から風船をおくる見本をする。 ・スタートの合図をする。 ・年齢差などに配慮し，人数を調整したりしながら何回か遊ぶ。 ・前で股の下から送る見本をする。 ・行きは頭の上，帰りは股の下など，変化をつけながら何回か遊ぶ。
10：30		○楽しかったゲームを振り返り，保育室に戻る。 ・「また遊びたいね」と話し合う。 ・年少児から保育室に戻っていく。	・楽しかったゲームを振り返りながら，気持ちを落ち着かせ，静かに保育室に戻れるようにする。

異年齢クラス 集会（2〜5歳児）保育指導案⑷1

1月28日月曜日　天気　晴れ	2歳児　18人　3歳児　20人　4歳児　22人　5歳児　24人 男42人　女42人　計84人	
主となる活動：○×クイズで遊ぶ。		
現在の子どもの姿：3学期が始まり，少しずつ進級・進学を意識した言動が見られるようになってきた。寒い日が続いているが，なわとびやおしくらまんじゅうなど体があたたまる遊びを工夫して戸外でも遊ぶ姿が見られる。	ねらい： ○○×クイズの問題の言葉や話などをよく聞き，答えを考えて遊ぶ楽しさを味わう。【言葉 2】 ○○×クイズの問題を通じて，健康・安全な生活に必要な知識を身に付ける。【健康 3】	内容： ・ホールに集まる。 ・園長先生（主任の先生）の話を聞く。 ・○×クイズをして遊ぶ。

時間	環境構成	予想される子どもの姿・活動	保育者の援助や配慮
9：50	＜保育室＞ ・マイク ・○と×のボード ・簡単な練習用のクイズ，健康・安全な生活に関するクイズ，子どもたちがよく知っている先生についてのクイズを前もって考えておく。	○ホールに集まる。 ・クラスごとに並んでホールまで移動する。 ・全員が集まるまで手遊び「コンコンクシャンのうた」をして待つ。	・そろったクラスから座って待てるようにする。 ・全員がそろうまで静かに待てるよう「コンコンクシャンのうた」の手遊びをして待つ。
10：00	（図：マイク／保2歳・3歳・4歳・5歳の配置）	○園長先生（主任の先生）の話を聞く。 ・みんなで朝の挨拶をする。 ・みんなで園長先生（主任の先生）の話を聞く。	・ピアノの合図で立って朝の挨拶をする。 ・お話をする先生にマイクを用意し，静かに先生の話を聞けるようにする。
10：10	（図：園／マイク，○エリアと×エリア　ボードなどで○と×エリアがひとめでわかるようにする。） （図：園／マイク，○と×のエリア）	○○×クイズをする。 ・○のエリアと×のエリアの場所を聞いて理解する。 ・練習の○×クイズに答えて，ゆっくり○のエリアに移動したり，ゆっくり×のエリアに移動したりする。 ・問題をよく聞いてゆっくり移動する。 ・相談をしながら移動をする。 ・正解を聞いて喜ぶ。 ・よく知っている先生についての問題を喜んで考える。	・ホールを縦半分に割って，○と×のエリアをボードを立てて説明する。 ・誰でもわかる簡単な問題で移動の練習をする。 ・○×クイズを始めるが，移動の時間をゆっくりとり，危険がないようにする。 ・移動が終わったら正解を発表する。 ・前もって聞いておいた先生についての問題を出し，答えはその先生に発表してもらう。
10：30	（図：マイク／保2歳・3歳・4歳・5歳の配置）	○楽しかった活動を振り返り，保育室に戻る。 ・たくさんの問題をよく聞いて考えられたことを振り返る。 ・小さな年齢のクラスから保育室に戻る。	・楽しかった○×クイズを振り返り，健康・安全な生活に関するクイズの大切なものは再度確認する。 ・気持ちを落ち着けて，各保育室に戻れるようにする。

ベテラン先生の知恵袋

お道具箱のふた

　製作の時，細かい材料がなくなってしまったことはありませんか？　また，たくさんの材料を配っている間に，子どもたちの集中力がとぎれてしまったことはありませんか？

　製作を行う時は，子どもたちが各自持っているお道具箱のふたを利用するとよいですよ。お道具箱にはのりやクレパスが入っていて使えませんが，ふたの方なら少しの間借りても大丈夫。前もってお道具箱のふたに材料を分けておくと，保育者にすごく余裕ができるの。

　製作の材料がたくさんある時は，子どもたちが帰った後や朝の準備の時間に，全員分のお道具箱のふたを並べて，材料を分けておきましょう。製作を開始する時にふたを配るだけで始めることができます。待ち時間がないので，子どもたちも集中して製作を楽しむことができます。

　製作中に出たごみを，「お道具箱に集めてね」と言って，片付けに使うのもよいアイデアです。

除光液

　油性ペンでお絵描きした時，机にまでペンがついてしまって困ったことはありませんか？　あるいは，テープをはがした後が，ネバネバして困ったことはありませんか？

　どちらも除光液がとっても役に立ちます。百円均一ショップのもので大丈夫なので，保育室に除光液が一つあると便利ですよ。除光液をティッシュにつけてふきとってもよいのですが，コットンだともっとしっかりしているので，よりふきとりやすいです。

　ガムテープなどを切ってネバネバしてしまったはさみにも，除光液は使えます。きれいにとれますので，一度試してみてくださいね。ただし，危険防止のため除光液は子どもの手に触れない場所に保管しましょう。

ビニールテープ

　カラフルな種類のあるビニールテープ。ビニールテープはプラスチックのようなつるつるしたものに使うと，一度貼ってもまたきれいにはがせますのでいろいろな場面で役に立ちますよ。ホールで遊ぶ時に床面に目印として貼ることもありますね。

　下敷きなどにビニールテープを3～4センチくらいに切って，クラスの人数分を貼り，「けんと」「ありさ」などそれぞれの名前を油性ペンで書いて用意しておくとすごく便利。鉛筆で名前を書くことのできないペットボトルなどに名前をつけたい時や机や椅子に名前をつけたい時など，とっさの時に簡単に名前をつけることができて助かります。

　使いたい時に，はさみで切っていると時間がかかりますので，たくさん使いたい場合は事前に切っておいてすぐ使えるよう準備しておきましょう。

スズランテープ

　運動会やお遊戯会でかわいいお面をつけることがあります。画用紙で作ることが多いのですが，クラスの人数分をまとめようとして箱に詰めると，つぶれてしまいそうですよね。そんな時はスズランテープ（ポンポンを作るときに使うテープ）でまとめてみましょう。

　お面の頭のところの輪にスズランテープを通し，最後は輪にして結びます。そうすると持ち運びにも便利ですし，フックにかけておくと，型崩れもしません。

　スズランテープは，紙袋をまとめる時などにも使えて便利ですよ。

ホワイトボード

　保育室の入り口や靴箱のところなどに，ミニホワイトボードを置いておくと役に立ちます。

　毎日，その日の出来事や明日の持ち物を書きこんでおくと，お迎えに来た保護者の方が目を通してくれます。お帰りの準備をしている間，保護者の方が手持ち無沙汰にならずにすみますし，担任が連絡事項を伝え忘れることもなくなります。

　また，その日の保育の様子を写真に撮って貼っておくと，子どもたちの様子がよく分かって喜ばれます。給食や離乳食メニューをお知らせしている園もあります。

謝　辞

　将来，幼稚園教諭や保育士として，保育現場に出ていくみなさんにとって，実習は欠かすことができません。私たちは，保育実習・教育実習をより有意義なものにしてほしい，大学での座学もより充実したものにしてほしいと考え，2012年1月に『新版　保育実習・教育実習の設定保育──保育指導案の書き方が満載！』を朱鷺書房より出版させていただき，好評いただいております。

　今回，保育指導案を書くためにさらにわかりやすい本があればという声に応えて，保育現場をよく知る野村も加わり，本書を刊行させていただくこととしました。現場で役に立つ内容をできる限り取り入れ，使いやすい構成に仕上げたつもりです。

　刊行に際して，朱鷺書房社長の嶝牧夫氏には出版を後押ししていただいたことに感謝申し上げます。編集を支えてくださった西永佳弘氏には，レイアウトの希望など根気強く私たちの要望に応えていただきました。また，イラストの田村尚子氏には，私たちの本書に込めたイメージを上手に表現していただき，かわいらしいイラストに仕上げていただきました。西村美帆氏も保育指導案の仕上がり図など快く協力していただいたこと有り難く思っています。その他出版に関わってくださった方々にも，心から感謝申し上げます。

　本書が，保育実習・教育実習に向かおうとする学生のみなさんの一助となれば，執筆者一同これほど嬉しいことはありません。保育士・幼稚園教諭を目指す皆さんが，在学中もそして現場に出て後輩保育者を指導する際にも，本書を存分に活用していただけるようにと願っています。

片山紀子・西村美佳・野村優子

執筆者紹介
編者　片山紀子（かたやま・のりこ）
奈良女子大学大学院博士後期課程人間文化研究科比較文化学専攻修了。博士（文学）。京都教育大学大学院 連合教職実践研究科 生徒指導力高度化コース 教授。
著書に『新版 保育実習・教育実習の設定保育——保育指導案の書き方が満載！』（朱鷺書房・編著），『新訂版 入門 生徒指導』（学事出版・単著），『アメリカ合衆国における学校体罰の研究』（風間書房・単著），『生徒指導と教育相談』（創元社・共著），『学校経営』（学文社・共著），『学校がみえる教職論』（大学教育出版・編著），『教育のための法学』（ミネルヴァ書房・共著）がある。

著者　西村美佳（にしむら・みか）
奈良女子大学大学院人間文化研究科複合領域科学専攻修了。博士（学術）。名古屋学芸大学ヒューマンケア学部子どもケア学科・名古屋学芸大学大学院子どもケア研究科 准教授。
著書に『新版 保育実習・教育実習の設定保育——保育指導案の書き方が満載！』（朱鷺書房・共著），『保育士養成シリーズ　保育内容総論』（中央法規出版・共著），『新子どもの健康』（三晃書房・共著），『体育・スポーツ史の世界——大地と人と歴史との対話』（渓水社・共著），『いま奏でよう，身体のシンフォニー——身体知への哲学・歴史的アプローチ』（叢文社・共著），『多様な身体への目覚め——身体訓練の歴史に学ぶ』（アイオーエム・共著）がある。

著者　野村優子（のむら・ゆうこ）
大阪大学文学部人文学科卒業。大阪女子短期大学児童教育科卒業。社会福祉法人勇和会 堺めぐみ学園 副園長。大阪女子短期大学 非常勤講師。
論文に「年齢に応じた保育士の言葉かけに関する実証的検証」（大阪女子短期大学紀要第32号・共著），「調査研究：短期大学での保育士養成とその指導の検討——保育実習に関するいくつかのアンケート調査結果の分析から——」（大阪女子短期大学紀要第35号・共著）がある。

自信のつく保育指導案の書き方
2015年3月1日　第1版第1刷

編　者	片山紀子
著　者	西村美佳
	野村優子
発行者	燈　牧夫
発行所	株式会社朱鷺書房
	大阪市東淀川区西淡路1-1-9（〒533-0031）
	電話 06（6323）3297　Fax 06（6323）3340
	振替 00980-1-3699
印刷所	株式会社廣済堂

定価はカバーに表示してあります。落丁・乱丁本はお取替えいたします。
ISBN 978-4-88602-421-3 C 0037　　Ⓒ 2015
ホームページ　http://www.tokishobo.co.jp

好評図書のご案内 ● 朱鷺書房

新版 保育実習・教育実習の設定保育
片山紀子編著・荒木美知子・西村美佳　　　　　　　　本体価格 1,500 円＋税

保育所、幼稚園、施設などで実習をするにあたって、実習生が最も不安を抱く「設定保育」について、かわいらしいイラストを用いてわかりやすく解説した。「つなぎ保育（部分実習）」や「保育指導案」の具体例も多く掲載している。

はじめての保育・教育実習
大橋喜美子編　　　　　　　　本体価格　1,500 円＋税

保育士や幼稚園教諭を目指す人がはじめて実習するときに、知っておきたい知識を網羅した。保育とは何か、乳幼児の発達のみちすじ、指導計画案のたて方、など。保育・教育教育の楽しさを知ってもらうために。

手づくりコミュニケーションワーク
桝岡義明・西村誠編　　　　　　　　本体価格　1,300 円＋税

身近な素材を利用したクラフトの作成と、それを利用した楽しい遊び方やゲームなどを、わかりやすいイラスト付きで紹介。保育・幼児教育に携わる人、指導員、レクリエーションリーダー必携の書。

子育て支援とNPO
原田正文　　　　　　　　本体価格　2,300 円＋税

子育て支援の実践報告は多いが、まだ手探りの状態でもある。子育て支援をどう考え、どう実践するか。またその中でのNPOの役割は何か。子育て環境が大きく変わってきている今、これからの子育て支援の在り方を提言する。

弁護士が説く DV解決マニュアル 改訂版
長谷川京子・佐藤功行・可児康則　　　　　　　　本体価格　2,000 円＋税

2014年1月施行の3次改正後のDV防止法に対応。DVの構造と特性を踏まえ、DV防止法の活用など被害者および支援者に必要な知識を被害者支援の立場から3人の弁護士が判りやすく解説する。

改訂新版 DV被害者支援ハンドブック
尾崎礼子　　　　　　　　本体価格　2,000 円＋税

DV（ドメスティックバイオレンス）とは何か。支援者に求められる援助技法・考え方とは。アメリカでの20年間にわたる被害者支援プログラムの実践経験にもとづき、被害者の視点に立った支援のあり方を解説する。